성경 각권에 기록된 치유에 관한 하나님의 약속들
치유의 기적

성경 각권에 기록된 치유에 관한 하나님의 약속들

치유의 기적

베니 힌 지음 | 김병수 옮김

당신은 기적을 믿습니까?
오늘날에도 여전히 기적은 일어납니까?

나는 이 두 가지 질문을 자주 받으며, 그리고 믿는 자들 사이에 이 질문에 관한 여러 가지 의견들과 견해들이 있음을 나는 발견해 왔습니다.

오늘날 전세계 대부분의 믿는 자들은 그들이 속해 있는 교단적 배경에 관계없이 하나님은 치유의 권능을 가지고 계시다는 사실을 인정하며, 또한 알고 있습니다. 그러나 하나님께서 치유하시는 방법과 때에 관한 그들의 견해는 크게 다르다는 것을 나는 발견해 왔습니다.

몇몇 악의 없는 사람들은 기적의 날들로서 언급되어지는 시대 즉, 예수님께서 사람들 사이에서 걸으셨고, 지상에 살아계셨을 때, 하나님은 치유를 행하셨다는 것을 인정합니다. 그러나 그들은 예수님께서 기적을 행하시기 위해서 지금은 육체적으로 지상에 거하지 않기 때문에 기적은 더 이상 없다는 사실을 깊은 확신으로 계속하여 주장합니다. 그 결과, 그들은 신유(divine healing)는 오늘날과는 관계가 없다고 믿기에 이르렀습니다.

다른 사람들은 때때로 하나님께서는 필요한 사람을 치유하기도 하신다는 사실을 마지 못해서 인정할 것입니다. 그러나 그들의 견해는 하나님의 자비는 아무튼 무작위로 닥치는대로(randomly) 필요한 사람들 위에 임하며, 그리고 신적인 개입의 행위는 어떤 비극과 재앙으로부터 그들을 건져낼 것이라는 소망에 주로 근거하고 있습니다.

또 다른 어떤 사람들은 이성적이고 정신적인 접근을 주장하는데, 그들은 강한 정신적 태도를 유지함으로서 질병과 역경에 대한 승리를 실현할 수 있다고 주장합니다.

모든 역사를 통하여 인간은 하나님에 관한 신학과 철학을 발전시켜 왔으며, 그것들을 사실로서 확립하려고 시도해 왔습니다.

그러나, 인간이 도모할 수 있는 관념(ideas)과 착상(concepts)이 무엇이든간에, 한 가지는 확실합니다. 인간의 이론들이 하나님과 아무런 관계도 없다는 사실입니다. 하나님의 속성들은 인간의 관념에 의해 좌우되지 않을 뿐만 아니라, 인간의 시간표에 제한받지도 않습니다.

Benny Hin The Miracle of Healing

망가진 육체나 상한 마음에 임하시는 하나님의 거룩한 손길은 단지 사도들이 활동하던 시대와 초대교회 시대에만 일어났던 현상이 아닙니다. 기적을 행하시는 그분의 능력은 교회사 안에서 어떤 시간의 틀에 제한받는 것이 아니며, 또한 결코 제한받아 오지도 않았습니다. 하나님은 사람을 차별 대우하시는 분이 아닙니다. 왜냐하면 히브리서 13장 8절은 "예수 그리스도는 어제나 오늘이나 영원토록 동일하시니라"고 선언하고 있기 때문입니다.

기적은 지금도 일어납니다! 그리고 기적은 여러분과 저에게도 일어날 수 있습니다.

하나님은 치유하시는 하나님입니다. 그리고 바로 그분의 임재는 치유와 해방과 회복의 소망을 산출합니다. 성경의 모든 책마다 하나님의 치유하시는 권능이 기록되어 있습니다.

성경은 삶을 위한 믿는 자들의 안내서이며, 오직 성경의 신성한 페이지들을 통하여서만 우리는 그분의 자녀들로서 여러분과 저에게 속한 은혜(benefits)와 축복과 함께 하나님의 본성(nature)과 성품을 발견할 수 있습니다.

하나님의 말씀은 치유의 말씀이며, 성경 모든 책에서 발견되는 치유에 대한 약속의 말씀입니다.

다음 페이지들은 치유의 주제에 관한 성경구절 모음을 포함하고 있습니다. 나는 성경의 모든 책으로부터 치유에 관한 최소한 한 구절 이상의 말씀을 인용하였습니다.

만일 여러분이나 여러분의 사랑하는 사람이 지금 기적을 필요로 하고 있다면 나는 여러분이 각 구절들을 읽고 각각의 약속들에 관해 묵상하시도록 격려합니다.

여러분이 그렇게 할 때 초자연적인 기적을 믿는 믿음이 여러분의 모든 필요에 대해 하나님을 신뢰할 수 있도록 여러분의 마음속에서 산출될 것입니다.

Benny Hinn

1998년 9월

- 14 당신은 기적을 믿습니까?

구약성경에 있는 치유의 약속들

창세기	• 12
출애굽기	• 14
레위기	• 18
민수기	• 20
신명기	• 22
여호수아	• 26
사사기, 룻기	• 28
사무엘상, 하	• 30
열왕기상, 하	• 32
역대상, 하	• 34
에스라, 느헤미야	• 36
에스더, 욥기	• 38
시편	• 40
잠언	• 46
전도서, 아가	• 48
이사야	• 50
예레미야, 예레미야 애가	• 54
에스겔	• 58
다니엘	• 60
호세아	• 62
요엘, 아모스	• 64
오바댜, 요나, 미가	• 66
나훔, 하박국, 스바냐	• 70
학개, 스가랴, 말라기	• 72

Contents

신약성경에 있는 치유의 약속들

마태복음	· 76
마가복음	· 78
누가복음	· 80
요한복음	· 84
사도행전	· 86
로마서	· 88
고린도전, 후서	· 90
갈라디아서	· 94
에베소서	· 96
빌립보서	· 98
골로새서	· 100
데살로니가전, 후서	· 102
디모데전, 후서	· 104
디도서, 빌레몬서	· 106
히브리서	· 108
야고보서	· 112
베드로전, 후서	· 114
요한 1, 2, 3서, 유다서	· 116
요한계시록	· 120

Benny Hin The Miracle of Healing

구약성경에 있는
치유의 약속들

from the
OLD TESTAMENT

하나님의 치유는 여러분 가정 전체를
위한 것입니다.

아브라함이 하나님께 기도하매 하나님이 아비멜렉과 그의 아내와 여종을 치료하사 출산하게 하셨으니 (창세기 20:17)

하나님은 좋은 건강*(good health)*의
창시자입니다.

그들이 대답하되 주의 종 우리 아버지가 평안(good health)하고 지금까지 생존하였나이다 하고 머리 숙여 절하더라 (창세기 43:28)

하나님은 질병으로 공격하는 원수의
공격을 되받아 치실 것입니다.

당신들은 나를 해하려 하였으나 하나님은 그것을 선으로 바꾸사 오늘과 같이 많은 백성의 생명을 구원하게 하시려 하셨나니 (창세기 50:20)

최근에 나는 플로리다에서 한 동료 사역자에게 "나는 기적을 믿어야 합니다. 나에게는 선택의 여지가 없습니다. 우리가 살아가는 세상에서 내가 보게 되는 죄와 질병으로 하나님께서 사람의 삶에 개입하실 수 있다는 것을 내가 믿지 않는다면, 나는 다른 날을 맞이할 수 있을지 의심스럽습니다"라고 말했습니다.

하나님께서 치유하시기 때문에, 소망이 있습니다. 최근에 나는 한 죽어가는 딸의 아버지와 이야기했습니다. 내가 그의 딸을 위해 기도하려고 하는 것을 그가 알았던 순간에 그는 말했습니다. "이것이 나에게는 무엇을 의미하는지 당신은 알지 못합니다. 이제 나는 오늘 직장에 갈 수 있습니다." 그것은 그에게 앞으로 나아갈 수 있는 능력을 주었던 희망이었습니다.

사람들은 끊임없이 내게 묻습니다. 내가 필요로 하는 기적을 받기 위해서 내가 할 수 있는 것은 무엇입니까?

나는 그들에게 말합니다. "아무것도 없습니다"라고.

치유는 우리가 행하는 것의 어떤 결과가 아닙니다. 그것은 예수님께서 이미 행하신 것의 결과입니다.

하나님의 임재는 어떠한 시련이나 사막 또는
광야를 통하여서도 여러분을 치유 안으로 걸어
들어가도록 안내하고 지시하실 것입니다.

여호와께서 그들 앞에서 가시며 낮에는 구름 기둥으로 그들의 길을 인도하시고 밤에는 불 기둥을 그들에게 비추사 낮이나 밤이나 진행하게 하시니 낮에는 구름 기둥, 밤에는 불 기둥이 백성 앞에서 떠나지 아니하니라 (출애굽기 13:21~22)

하나님께서 당신을 위하여 당신의
싸움을 싸우게 하시고, 질병의 공격을
패퇴시키시도록 하십시오.

여호와는 나의 힘이요 노래시며 나의 구원이시로다 그는 나의 하나님이시니 내가 그를 찬송할 것이요 내 아버지의 하나님이시니 내가 그를 높이리로다 여호와는 용사시니 여호와는 그의 이름이시로다 (출애굽기 15:2~3)

요한복음에서 주 예수님은 니고데모에게 이렇게 말씀하셨습니다. "모세가 광야에서 뱀을 든 것 같이 인자도 들려야 하리니" (요한복음 3:14)

그분께서 무엇에 관해 말씀하시고 계셨던 것일까요?

하나님은 모세에게 놋뱀을 만들어 그것을 장대에 매달도록 명령했습니다. 왜 그렇게 명하셨을까요? 하나님의 말씀은 말합니다. 누구든지 그 놋뱀을 바라본 자는 나음을 입었다고 말입니다.

그분 자신의 몸에 인류의 죄를 담당하시면서 십자가 위에 달리신 예수님은 이 상징으로 강력하게 묘사되어 있습니다.

뱀은 광야에서 사람들을 물었습니다. 그리고 그들중 많은 사람들은 죽어가고 있었습니다. 사람들이 놋뱀을 쳐다보면 그들은 살게 된다고 하나님은 모세에게 말씀하셨습니다.

하나님은 당신을 치료하시는 주님이십니다.

너희가 너희 하나님 나 여호와의 말을 들어 순종하고 내가 보기에 의를 행하며 내 계명에 귀를 기울이며 내 모든 규례를 지키면 내가 애굽 사람에게 내린 모든 질병 중 하나도 너희에게 내리지 아니하리니 나는 너희를 치료하는 여호와임이라 (출애굽기 15:26)

"쳐다본다(looketh)"는 말은 믿음을 암시하고 있습니다.

쳐다보는 사람들은 치유를 믿습니다.

예수님이 오셔서 죽으셨으며, 그리고 예수님이 구세주이시며, 치유자라는 사실을 믿는 사람은 누구든지 치유받게 될 것입니다. 믿음의 눈으로 십자가에 달리신 주 예수님을 쳐다보는 사람은 누구든지 온전함을 발견하게 될 것입니다.

하나님은 모든 병든 몸을 치유해 주십니다.

피부에 종기가 생겼다가 나았고 (레위기 13:18)

하나님은 우리를 모든 병의 흔적*(every evidence of sickness)*으로부터
깨끗케 하시고 정결케 해주십니다.

그러나 제사장이 보기에 옴이 여전하고 그 자리에 검은 털이 났으면 그 옴은 나았고 그 사람은 정하니 제사장은 그를 정하다 할지니라 (레위기 13:37)

당신의 치유에 대한 승리를
하나님의 사람과 하나님의 백성들에게
선포하십시오.

제사장은 진영에서 나가 진찰할지니…
그 집을 고쳐 바른 후에 제사장이 들어가 살펴보아서 색점이 집에 퍼지지 아니하였으면 이는 색점이 나은 것이니 제사장은 그 집을 정하다 하고 (레위기 14:3, 48)

오늘날 많은 그리스도인들이 하나님에 대한 잘못된 이미지를 가지고 있습니다. 어린 시절부터 그들은 전능하신 하나님에 대해 예리하고 노려보는 눈매를 가지신 준엄하고 엄격한 이미지를 구축해 왔습니다.

그들은 손에 채찍을 들고 계시며, 그들이 아주 가벼운 실수를 할 때마다 그들을 때리려고 준비하고 계신 하나님을 봅니다.

그러나 하나님은 전혀 그렇지 않으신 분입니다.

그분은 때때로 우리의 유익을 위하여 징계하심에도 불구하고, 그분은 자기 자녀들에게 언제나 부드럽고 친절하며 사랑이 많으신 분입니다.

나는 훌륭한 찬송가에서 말하는 내용을 좋아합니다.

"내 영혼이 하늘의 왕을 찬양하네(Praise My Soul, the King of heaven)"

아버지같이 그분은 우리를 보살펴주시고 우리를 용납해 주시네; 우리의 연약한 체질을 그분은 잘 아신다네. 그분의 손길로 우리의 모든 대적들로부터 우리를 지켜주시고 건져내 주신다네.

당신의 치유를 위해 하나님께 구하십시오.

모세가 여호와께 부르짖어 이르되 하나님이여 원하건대 그를 고쳐 주옵소서 (민수기 12:13)

하나님께서 여러분의 속박과 고통으로부터
여러분을 건져내실 것입니다.

나는 너희의 하나님이 되려고 너희를 애굽 땅에서 인도해 내었느니라 나는 여호와 너희의 하나님이니라 (민수기 15:41)

성령 하나님의 치유의 생수가 당신 안에서
흘러나오게 하십시오.

그 때에 이스라엘이 노래하여 이르되 우물물아 솟아나라 너희는 그것을 노래하라 (민수기 21:7)

왜 하나님은 나의 기도에 응답하시지 않습니까? 왜 나는 속박으로부터 해방과 치유를 받지 못합니까?

당신의 가장 긴급한 필요에 대한 응답은 가까이에 있습니다. 당신이 생각해 왔던 것보다 훨씬 가까이에 있습니다.

당신의 심령에서 나온 단 한 마디가 삶의 가장 어두운 구름들을 순식간에 사라지게 할 수 있습니다. 하나님은 수백만 마일이나 멀리 떨어진 곳에 계시는 접근할 수 없는 영이라는 생각을 멈추어야 할 때입니다.

아버지는 매우 가까이에 계시므로 당신은 어느때든 그분과 이야기할 수 있습니다. 그리고 그분이 당신에게 안식과 평강을 주시고 훈계해 주실 수 있을만큼 그분의 영은 바로 곁에 계십니다.

당신이 해야 할 모든 것은 구하고, 그리고 그분께서 행하실 것을 믿는 것입니다.

성령님 안에서 제가 발견해 온 것은 어떤 신비하고 가리워진 비밀이 아닙니다. 그것은 삶 그 자체만큼이나 실제적인 것이며, 바로 당신의 심장 고동처럼 가까이에 있는 것입니다.

**당신의 치유를 위해 하나님을
신뢰하고 순종하십시오.**

네가 네 하나님 여호와의 말씀을 삼가 듣고 내가 오늘 네게 명령하는 그의 모든 명령을 지켜 행하면 네 하나님 여호와께서 너를 세계 모든 민족 위에 뛰어나게 하실 것이라 네가 네 하나님 여호와의 말씀을 청종하면 이 모든 복이 네게 임하며 네게 이르리니 (신명기 28:1~2)

**당신의 치유를 위해 하나님과 함께
앞으로 전진하십시오.**

여호와께서 너를 머리가 되고 꼬리가 되지 않게 하시며 위에만 있고 아래에 있지 않게 하시리니 오직 너는 내가 오늘 네게 명령하는 네 하나님 여호와의 명령을 듣고 지켜 행하며 (신명기 28:13)

치유의 영역에는 두 가지가 있는데, 자연적인 치유와 신적인 (divine) 치유가 바로 그 두 가지입니다.

자연적인 영역의 치유는 의사, 영양, 운동 등을 포함하며, 건강을 유지하기 위해 사람으로서 여러분과 제가 행해야 하는 것들도 포함합니다. 만일 여러분이 잘못된 식생활을 하거나 잘못된 생활방식을 취한다면, 건강한 삶을 살아가는 것을 기대할 수 없습니다.

우리는 자연적인 영역을 무시할 수 없습니다. 하나님은 우리에게 자연적인 영역을 주셨습니다. 그러나 나는 자연적인 영역에서 치유의 가능성이 멈출 때 믿음이 시작된다는 사실을 믿습니다.

하나님은 당신을 위해 당신이 스스로 할 수 있는 것을 행하여 주시지 않으실 것입니다. 하나님은 당신이 태어나면서부터 자연적으로 가지고 있는 것을 당신이 사용하길 기대하십니다.

그러나 선천적인 것들이 끝났을 때, 그때 우리는 신적인 영역으로 들어가 주님을 의지하게 됩니다.

하나님 한 분만이 당신의 치유의
근원이십니다.

이제는 나 곧 내가 그인 줄 알라 나 외에는 신이 없도다 나는 죽이기도 하며 살리기도 하며 상하게도 하며 낫게도 하나니 내 손에서 능히 빼앗을 자가 없도다 (신명기 32:39)

신적인 영역은 믿음을 요구합니다.

성경은 선포하기를 "믿음이 없이는 기쁘시게 못하나니, 하나님께 나아가는 자는 그가 계신 것과 … 믿어야 할지니라." 그러나 믿음은 선물이라는 사실을 또한 이해해야 합니다.

여러분이 치유를 필요로 할 때, 하나님은 그것을 위해 믿음을 공급해 주십니다. 나는 여러분이 그것을 알기 원합니다. 그리고 또한 기억하십시오. 우리 하나님은 언제나 때에 맞게 정확한 시간에 오십니다. 그분은 여러분이 그것을 원할 때 언제나 여러분을 치유하시지는 않습니다. 그러나 하나님께서 여러분을 치유하실 것을 여러분이 기다리는 동안 그분은 여러분으로 하여금 기다릴 수 있도록 은혜와 힘을 공급해 주십니다.

당신의 치유를 소유하십시오.

내가 모세에게 말한 바와 같이 너희 발바닥으로 밟는 곳은 모두 내가 너희에게 주었노니 (여호수아 1:3)

당신의 치유를 기다리는 동안,
낙심하지 마십시오.
하나님은 당신과 함께 계십니다.

내가 네게 명령한 것이 아니냐 강하고 담대하라 두려워하지 말며 놀라지 말라 네가 어디로 가든지 네 하나님 여호와가 너와 함께 하느니라 (여호수아 1:9)

당신의 치유 가운데서 안식하십시오.

너희의 하나님 여호와께서 너희에게 안식을 주시며 이 땅을 너희에게 주시리라 (여호수아 1:13)

치유를 위한 따라야 할 일곱가지 열쇠

1. 하나님을 신뢰하십시오.
2. 그분의 말씀을 지키십시오.
3. 여러분의 잘못들을 서로 고백하십시오.
4. 믿음의 말을 하고 의심과 불신앙의 말을 하지 않도록 당신의 혀를 지키십시오.
5. 하나님께 그분의 약속을 상기시키면서 기도 가운데 머물러 있으십시오.
6. 하나님께 순복함으로 마귀를 대적하십시오. 당신이 그렇게 할 때, 마귀는 당신에게서 달아날 것입니다.
7. 자연법칙을 지키십시오. 적절치 못한 영양, 적절한 휴식의 부족, 그리고 과도한 스트레스 등을 통하여 당신의 육신을 남용하지 마십시오.

당신이 한 번 기적을 받았으며, 질병의 속박에서 자유케 되었다면 당신은 그 기적을 소중히 여기서야 합니다. 그분의 손길로 인해 하나님께 감사드리십시오. 계속해서 그분께 영광을 돌려 드리십시오.

당신의 치유를 위해 하나님께서 언약하신 것을
그분께서 행하실 것입니다.

내가 너희와 함께 한 언약을 영원히 어기지 아니하리니 (사사기 2:1)

당신의 강건함을 회복해 주시도록
하나님께 기도드리십시오.

삼손이 여호와께 부르짖어 이르되 주 여호와여 구하옵나니 나를 생각하옵소서 하나님이여 구하옵나니 이번만 나를 강하게 하사 (사사기 16:28)

하나님을 신뢰하십시오.
그리고 치유, 피난, 보호가 되시는
그분의 날개 아래로 나오십시오.

여호와께서 네가 행한 일에 보답하시기를 원하며 이스라엘의 하나님 여호와께서 그의 날개 아래에 보호를 받으러 온 네게 온전한 상 주시기를 원하노라 (룻기 2:12)

삼손은 한 때 위대한 권능의 사람이었습니다.

사사기 16장 29절은 육체적으로 허물어졌으며 블레셋 사람들에게 포로로 잡힌 한 사람의 모습을 묘사해 주고 있습니다. 그는 족쇄에 채워졌으며 두 기둥에 사슬로 결박되어 있었습니다. 더구나 블레셋 사람들은 그의 두 눈을 빼내었으며 그의 힘을 고갈시켜 버렸습니다. 그리고 그를 굴욕케 하였으며 그를 학대하였습니다. 그리고 그를 노예처럼 감옥에다 던져넣었습니다. 원수들의 포로가 된 그는 아팠고 볼 수 없었습니다. 그러나, 소망이 없는 환경처럼 보이는 그 상황에서 그가 기도했던 순간에 하나님은 그에게 초자연적인 건강과 힘을 주셨습니다.

초자연적인 힘이 그에게 부어져 들어갔습니다. 그리고 그 순간 삼손은 거대한 두 기둥을 밀어쓰러뜨렸습니다. 그가 기도 가운데 하나님께 외쳤을 때, 하나님을 그를 강력하게 만지셨습니다.

그리고 그 한 번의 행위로 삼손은 그가 그의 전 삶을 통하여 행한 것보다 더욱 많은 원수들을 죽였습니다. 하나님은 초자연적으로 삼손의 육신을 만졌습니다. 그리고 한 순간에 그의 기력은 기적적으로 힘과 권능으로 회복되었습니다.

회개하십시오. 그리고 하나님의 치유에 대해 마음의 문을 여십시오.

이스라엘 신의 궤를 보내려거든 거저 보내지 말고 그에게 속건제를 드려야 할지니라 그리하면 병도 낫고 그의 손을 너희에게서 옮기지 아니하는 이유도 알리라 (사무엘상 6:3)

질병과 고통에 대항하는 당신의 전쟁에서 하나님께서 싸우실 것입니다.

여호와의 구원하심이 칼과 창에 있지 아니함을 이 무리에게 알게 하리라 전쟁은 여호와께 속한 것인즉 그가 너희를 우리 손에 넘기시리라 (사무엘상 17:47)

주님은 질병의 습격으로부터 당신을 건져내주시는 당신의 구원자입니다.

나의 반석의 하나님이시요 나의 방패시요 나의 구원의 뿔이시요 나의 높은 망대시요 그에게 피할 나의 피난처시요 나의 구원자시라 나를 폭력에서 구원하셨도다 (사무엘하 22:3)

마가복음 12장 30절에서 우리는 읽습니다.

"네 마음을 다하고 목숨을 다하고 뜻을 다하고 힘을 다하여 주 너의 하나님을 사랑하라"

당신의 마음을 다하여 하나님을 사랑하는 것은 당신의 온 존재를 다해서 사랑하는 것을 의미합니다. 그분은 당신이 그분을 가장 최우선으로 사랑하길 원하시며, 또 당신 안에 있는 모든 것을 다해 사랑하길 원하십니다.

당신이 당신의 목숨(soul)을 다해 하나님을 사랑하라고 명령받을 때, 당신은 당신의 모든 감정과 당신의 모든 지성적인 의지를 다해 그분을 사랑하는 것입니다. 그분은 당신의 감정과 지성의 모든 것이 그분을 사랑하길 원하십니다.

당신이 당신의 뜻(mind)을 다해 하나님을 사랑할 때, 당신은 그분에 대해 당신이 이해하는 모든 것으로 그분을 사랑합니다.

당신이 당신의 힘(strength)을 다해 그분을 사랑할 때, 그분을 육체적으로 섬기는 당신의 섬김에서 뿐만 아니라, 당신의 날마다의 걸음에서도 모든 것을 다해 하나님을 사랑합니다.

당신의 치유 여정을 위한 하나님의
예비하심을 수용하고 받아들이십시오.

여호와의 천사가 또 다시 와서 어루만지며 이르되 일어나 먹으라 네가 갈 길을 다 가지 못할까 하노라 하는지라 (열왕기상 19:7)

하나님은 당신의 인생에서 죽어서 열매맺지
못하는 땅을 생수로 고치십니다.

여호와의 말씀이 내가 이 물을 고쳤으니 이로부터 다시는 죽음이나 열매 맺지 못함이 없을지니라 하셨느니라 하니 (열왕기하 2:21)

하나님의 전으로 올라가서
치유함을 받으십시오.

너는 돌아가서 내 백성의 주권자 히스기야에게 이르기를 왕의 조상 다윗의 하나님 여호와의 말씀이 내가 네 기도를 들었고 네 눈물을 보았노라 내가 너를 낫게 하리니 네가 삼 일 만에 여호와의 성전에 올라가겠고 (열왕기하 20:5)

하나님의 영은 생존을 위한 혹성의 생명선(the planet's lifeline)입니다.

그분이 계시지 않는다면, 우리는 마치 갑자기 산소 공급이 차단된 깊은 바다의 잠수부처럼 될 것입니다. 성령님께는 경외할만한 역할이 있습니다. 그것은 우리의 육체인 몸과 물질 세계 안에서 창조하시고, 유지시키시고, 그리고 새롭게 하시는 일입니다.

나는 왜 호흡하고 있는 걸까요? 나는 왜 살아있는 걸까요? 하나님의 영이 내 코에 하나님의 생기를 두셨기 때문이라고 성경(욥기 27:3)은 선언합니다.

그분께서 나를 살게 해주시고 있습니다. 영적으로 뿐만 아니라, 그분은 나의 육체적 존재의 근원이시기도 합니다. 하나님의 말씀은 주 예수님을 죽은 자 가운데서 살리신 동일하신 성령께서 믿는 자로서 당신 안에 거하시며 또한 그분께서 여러분의 죽을 몸도 살리실 거라고 선언합니다.

성령님 없는 삶은 진실로 전혀 생명이 없는 것입니다.

당신의 약함 가운데 하나님의
강하심을 찾으십시오.

여호와와 그의 능력을 구할지어다 그의 얼굴을 찾을지어다 (역대상 16:11)

땅의 치유를 위해 기도하십시오.

내 이름으로 일컫는 내 백성이 그들의 악한 길에서 떠나 스스로 낮추고 기도하여 내 얼굴을 찾으면 내가 하늘에서 듣고 그들의 죄를 사하고 그들의 땅을 고칠지라 (역대하 7:14)

당신의 치유를 위해 기도해 달라고
당신의 지도자들에게 요청하십시오.

여호와께서 히스기야의 기도를 들으시고 백성을 고치셨더라 (역대하 30:20)

그분의 자녀들을 향한 하나님의 사랑과 기꺼이 축복하고자 하는 그분의 마음은 그분이 이스라엘 백성을 다루시는데서 명백하게 묘사되어 있습니다.

그들에 대한 그분의 신실하심은 해마다 그들 삶의 모든 상황 안으로 확장되었습니다. 그리고 옛 언약을 통해서 보여지는 이스라엘 백성들에 대한 하나님의 약속들은 오늘날 그분의 자녀들로서 여러분과 저에게로 확장됩니다.

우리가 부족함 없음을 경험할 때, 하나님은 우리의 필요를 채워주시는 것이지, 우리의 탐욕을 채워주시는 것이 아닙니다. 이스라엘 백성들에게 새 신발이 공급되지 않았다는 사실을 주목하십시오. 오히려 하늘 천부께서는 그들이 신고 있던 신발이 결코 닳아 헤어지는 일이 없도록 그들을 보살펴 주셨습니다.

우리의 신실하신 천부께서는 이스라엘 나라를 대대로 축복하기 위한 그분의 충실하심에 대한 증거로 삼으시겠다고 약속하십니다.

하나님께서 당신의 몸에 능력으로
권능을 부여하실 때, 그분의 치유 권능은
역사하게 됩니다.

즐거움으로 이레 동안 무교절을 지켰으니 이는 여호와께서 그들을 즐겁게 하시고 또 앗수르 왕의 마음을 그들에게로 돌려 이스라엘의 하나님이신 하나님의 성전 건축하는 손을 힘 있게 하도록 하셨음이었더라 (에스라 6:22)

하나님의 기쁨이 당신의
힘이 되게 하십시오.

근심하지 말라 여호와로 인하여 기뻐하는 것이 너희의 힘이니라 (느헤미야 8:10)

전능하신 하나님은 당신이 잘되고 건강하길 원하십니다.

　신적인 건강(divine health)은 신유(divine healing)보다 나으며, 또한 언제나 신유보다 더 좋았었습니다.
　신적인 건강은 언제나 사람을 위한 하나님의 계획이었습니다. 우리가 에덴 동산에서 타락하기 전 아담의 삶을 살펴볼 때, 그는 건강했으며 그리고 그는 모든 것을 다스리고 있었음을 우리는 발견하게 됩니다.
　아담의 범죄 이후에 질병은 인류에게 들어왔습니다. 하나님은 창조의 완전한 행위로서 아담을 건강하게 창조했습니다. 우리는 죄가 세상에 들어오기 전까지, 질병에 대한 어떤 기록도 발견할 수 없습니다.

　주님의 말씀은 선언합니다. 하나님은 그분의 독생자를 보내셨고, 그리고 예수님께서 오셨기 때문에, 질병은 당신에 대해 어떠한 법적인 권한도 가지고 있지 않다고 말입니다. 우리 각자는 이 진리를 이해하고 치유와 건강에 관해 우리가 가진 유산의 실체를 깨닫는 것이 가능하다는 사실을 나는 믿습니다.

왕의 자녀로서 당신은 언제든지 하나님의 임재
가운데로 들어올 수 있습니다.

에스더가 왕후의 예복을 입고 왕궁 안 뜰 곧 어전 맞은편에 서니
왕이 어전에서 전 문을 대하여 왕좌에 앉았다가 (에스더 5:1)

하나님은 당신의 삶에 빛을
회복하실 것입니다.

하나님이 내 영혼을 건지사 구덩이에 내려가지 않게 하셨으니 내
생명이 빛을 보겠구나 하리라 (욥기 33:28)

하나님은 자기 자녀들을 축복하시길 원하십니다.

아버지로서 나는 나의 자녀들에게 선물주기를 좋아하며, 또 그들을 위해 필요를 공급해 주는 것을 좋아합니다.

그리고 그들이 선물의 포장지를 뜯을 때, 그들의 두 눈이 반짝이는 것을 보는 것이나, 그들이 원해오던 것을 내가 그들에게 줄 때, 그들이 기뻐서 웃는 웃음소리를 듣는 것보다, 내게 더 큰 즐거움을 가져다 주는 것은 아무것도 없습니다.

단지 저같은 사람이 나의 자녀들에게 선물을 주는 것을 통하여 그러한 기쁨을 발견할 수 있다면 그분께서 좋은 선물들을 우리에게 주실 때 천부께서 얼마나 커다란 기쁨을 받으실지 상상해 보십시오.

진실로 사랑이 많으신 우리의 천부께서는 그분의 자녀를 축복하시길 갈망합니다.

그분이 우리를 위해 공급해 주실 때 우리가 받는 기쁨을 아는 순수한 즐거움 때문이라는 이유외에 다른 이유가 없기 때문이라면 말입니다.

이 매우 단순한 원칙을 얼마나 쉽게 놓쳐버릴 수 있는지요. 하나님은 당신을 사랑하시며 당신을 위해 최선의 것을 원하십니다. 그분은 진실로 그렇습니다.

시편에 있는 이러한 진리들을 노래하고
기도하십시오. 그리고 선포하십시오.

여호와여 내가 수척하였사오니 내게 은혜를 베푸소서 여호와여 나의 뼈가 떨리오니 나를 고치소서 (시편 6:2)

여호와 내 하나님이여 내가 주께 부르짖으매 나를 고치셨나이다 (시편 30:2)

내가 말하기를 여호와여 내게 은혜를 베푸소서 내가 주께 범죄하였사오니 나를 고치소서 하였나이다 (시편 41:4)

나는 최근에 결장암으로부터 2년 전에 영광스러운 치유를 경험한 한 사람과 이야기했습니다. 하나님의 기적이 역사하는 권능으로 만지심을 받는 것과 하나님의 은혜로 건강이 회복될 때 죽음에서 벗어나 생명으로 들어가는 것이 얼마나 놀라운 일인지에 관해 우리는 토론하고 있었습니다. 내가 그의 기적과 그 기적 이후의 시간들에 관해 그가 하는 말을 들으면서, 나는 그가 매우 중요한 것을 말하는 것을 들었습니다. 자신의 치유 받음에 대해 날마다 하나님께 감사하는 것과 하나님의 치유 손길에 관해 다른 사람들에게 증거하는 것은 결코 실패하지 않는다는 것을 말했습니다.

그는 자신이 받은 기적과 건강을 결코 당연한 것으로 여기지 않았습니다. 그는 건강과 치유로 인해 하나님께 감사드립니다. 오늘을 위한 건강과 치유에 대해서 뿐만 아니라. 매일의 건강과 치유에 대해서도 그는 하나님께 감사드립니다.

만일 당신이 기적을 받았다면, 하나님께 영광을 돌리는 것을 잊지마십시오. 이것은 원수를 대적하는 중요한 무기입니다. 기적은 자신이 그럴만한 가치가 있기 때문에 받은 것이 아닙니다. 그것은 하나님의 은혜로 인해 주어지는 것입니다. 그분께 감사드리는 일에 결코 실패하시지 마십시오.

내 영혼아 네가 어찌하여 낙심하며 어찌하여 내 속에서 불안해 하는가 너는 하나님께 소망을 두라 나는 그가 나타나 도우심으로 말미암아 내 하나님을 여전히 찬송하리로다 (시편 42:11)

주여 내 입술을 열어 주소서 내 입이 주를 찬송하여 전파하리이다 (시편 51:15)

주께서 땅을 진동시키사 갈라지게 하셨사오니 그 틈을 기우소서 땅이 흔들림이니이다 (시편 60:2)

당신의 영혼(soul) 깊은 곳에서 성령께서 역사하시기 시작할 때, 그분은 당신을 영적으로 강하게 하시는데, 영적인 능력과 믿음의 더 높은 수준을 당신에게 가져다 주며, 불가능한 것들에 대해서 당신이 하나님을 신뢰할 수 있도록 해주며, 눈에 보이지 않는 것들에 대해서 하나님을 믿을 수 있도록 해주는 성숙함으로 그렇게 해주십니다.

장애물이 무엇이든, 당신이 직면하게 될 도전이 무엇이든간에 당신은 시편기자와 함께 이렇게 외칠 것입니다. "여호와는 나의 빛이요 나의 구원이시니 내가 누구를 두려워하리요 여호와는 내 생명의 능력이시니 내가 누구를 무서워하리요"(시편 27:1)

이러한 능력(strength)은 성령께서 두려움 없는 믿음, 그리고 때로는 폭력적일 정도의 믿음을 당신의 삶에 가져다 주실 때 내면의 깊은 곳으로부터 오는 것입니다.

주의 도를 땅 위에, 주의 구원을 모든 나라에게 알리소서 (시편 67:2)

그가 내 모든 죄악을 사하시며 네 모든 병을 고치시며 (시편 103:3)

그가 그의 말씀을 보내어 그들을 고치시고 위험한 지경에서 건지시는도다 (시편 107:20)

상심한 자를 고치시며 그들의 상처를 싸매시는도다 (시편 147:3)

하나님은 당신의 구원을 보장하고 당신을 치유하기 위한 방법을 만들기 위해 자신의 아들을 십자가 위에서 죽으시도록 보내주셨습니다.

이것이야말로 모든 소망의 원천입니다.

당신은 일어날 수 있으며 또한 계속 나아갈 수 있습니다. 왜냐하면 그리스도께서 그분을 믿는 사람이면 누구에게든지 영원한 생명을 주셨기 때문입니다.

질병, 마음의 고통, 통증 또는 죽음조차도 그것을 앗아갈 수 없습니다.

언제나 기억하십시오. 예수님은 당신이 느끼는 모든 고통을 알고 계십니다.

그분은 당신의 흐느낌을 들으시며 그분의 가슴에는 당신을 위한 긍휼로 가득 차 있습니다. 그분의 주권적인 은혜 안에서, 그분께서 이렇게 말씀하실 때가 올 것입니다.

"오늘은 너를 위한 기적의 날이란다."

내 영혼아 여호와를 송축하라;

내 속에 있는 것들아 다 그의 거룩한 이름을 송축하라 (시편 103:1)

주님을 경외하고 악에서 떠나십시오.

이것이 네 몸에 양약이 되어 네 골수를 윤택하게 하리라 (잠언 3:8)

**하나님의 말씀은 당신에게
치유와 생명이 됩니다.**

내 아들아 내 말에 주의하며 내가 말하는 것에 네 귀를 기울이라 그것을 네 눈에서 떠나게 하지 말며 네 마음 속에 지키라 그것은 얻는 자에게 생명이 되며 그의 온 육체의 건강이 됨이니라 (잠언 4:20~22)

치유에 관한 선한 말을 하십시오.

선한 말은 꿀송이 같아서 마음에 달고 뼈에 양약이 되느니라 (잠언 16:24)

은혜를 알지 못하게 되는 것은 매우 자연스러운 것입니다. 그리고 때로 좋아보이는 어떤 것들로 인해서만 감사하는 마음이 되는 것이 자연스러운 것과 같은 것입니다. 그러나 성령께서 다스리실 때, 당신은 항상 감사드릴 수 있게 될 것입니다. 그리고 당신의 삶에 닥쳐오는 모든 것에 대해, 유쾌하지 않는 것들에 대해서 조차도 당신은 감사드릴 수 있게 될 것입니다.

성경은 말씀합니다. "범사에 감사하라 이는 그리스도 예수 안에서 너희를 향하신 하나님의 뜻이니라" (데살로니가전서 5:18)

당신이 성령님과 함께 걸어갈 때, 그분은 당신으로 하여금 "감사합니다 주님…" 이라고 말하도록 끊임없이 당신을 독려해 주십니다. 우리는 항상 감사드려야 하며, 모든 것들에 대해서 감사드려야 합니다… 우리는 모든 선한 것들의 근원으로서 아버지와 아들을 알도록 교훈받았습니다. 그러나 우리는 성령님을 통하여 모든 선한 것들에 대해 감사드립니다.

만일 당신이 이러한 감사로 인해서 오게 되는 치유를 경험하지 못했다면, 다른 시간을 기다리지 마십시오. 성령께서 당신 앞에 치유를 가지고 오시도록 하십시오.

당신의 치유를 위한 시간은 치유하시는
하나님에 의해 정해져 있습니다.

죽일 때가 있고

치료할 때가 있으며

헐 때가 있고

세울 때가 있으며 (전도서 3:3)

하나님의 만찬 석상으로 나아 오십시오.
그리고 그분의 사랑의
치유깃발 아래 앉으십시오.

그가 나를 인도하여 잔칫집에 들어갔으니 그 사랑은 내 위에 깃발

이로구나 (아가 2:4)

당신에게 있는 모든 흠*(spot)*을 제거해
달라고 하나님께 구하십시오.

나의 사랑 너는 어여쁘고 아무 흠이 없구나 (아가 4:7)

한 사람의 아버지로서 나는 우리의 놀라우신 천부께서 자신의 아들을 갈보리의 참혹한 죽음을 죽으시도록 허용하심으로 견디셨던 그 고통을 헤아리기 시작조차 할 수 없습니다.

나는 나의 능력 안에서 나의 자녀들에게 일어나는 나쁜 일을 방지하기 위해서는 어떤 일이든 합니다. 그들이 학교에서 좋지 못한 날을 가질 때, 또는 그들이 기도하는 동안 무릎을 꿇고 있을 때, 나는 관심을 가집니다. 아버지께서 그분의 귀중하고 완전한 아들이 - 그분이 구원하려고 왔던 사람들에게 거절당하고 - 침뱉음을 당하고 채찍에 맞으시고 가시 면류관에 찔리시고 그리고 범죄자들과 흉악한 자들 가운데서 십자가에 못박히신 모습을 보셨을 때,

오, 아버지의 마음은 얼마나 아프셨겠습니까!

오, 나의 친구들이여! 우리의 놀라우신 천부께서 베푸신 여러분과 저를 위한 그 고귀한 사랑을 단 한 순간 조차도 결코 의심하지 마십시오. 진실로 우리의 장소에서 그리고 우리의 죄를 위해 그분의 아들을 죽으시도록 보내주신 것보다 천부께서 우리를 위한 그분의 사랑을 증명하여 나타낼 수 있는 더 위대한 것은 단 한 가지도 없습니다.

하나님은 모든 상처를 치유해 주십니다.

여호와께서 자기 백성의 상처를 싸매시며 그들의 맞은 자리를 고치시는 날에는 달빛은 햇빛 같겠고 햇빛은 일곱 배가 되어 일곱 날의 빛과 같으리라 (이사야 30:26)

**그리스도께서 채찍에 맞으심으로
당신은 나음을 입었습니다.**

그는 실로 우리의 질고를 지고 우리의 슬픔을 당하였거늘 우리는 생각하기를 그는 징벌을 받아 하나님께 맞으며 고난을 당한다 하였노라 그가 찔림은 우리의 허물 때문이요 그가 상함은 우리의 죄악 때문이라 그가 징계를 받으므로 우리는 평화를 누리고 그가 채찍에 맞으므로 우리는 나음을 받았도다 (이사야 53:4-5)

십자가 위에서 예수님은 우리의 죄와 죄의 결과를 감당하셨습니다.

확실히 그분은 우리의 질고를 지셨습니다. 그리고 우리의 슬픔을 당하셨습니다(이사야 53:4).

여기에서 질고(griefs)란 단어는 히브리어로 촐리이(choliy)인데, "약한, 아픈 또는 괴롭힘을 당하는"을 의미합니다. 그분은 우리의 약함, 질병, 그리고 고통을 담당하셨습니다.
슬픔(sorrow)에 해당되는 히브리어는 마코브(makob)인데 그것은 "고통(pain) 또는 깊은 슬픔(grief)"을 의미합니다.

성경은 분명합니다; 예수님은 우리의 죄를 가져가시기 위해서만 죽으신 것이 아닙니다. 그분은 우리의 질병을 가져가시기 위해서도 죽으셨습니다.

**하나님은 당신의 필요를 보고 계시며,
그리고 당신을 치유하실 것입니다.**

내가 그의 길을 보았은즉 그를 고쳐 줄 것이라 그를 인도하며 그와 그를 슬퍼하는 자들에게 위로를 다시 얻게 하리라 입술의 열매를 창조하는 자 여호와가 말하노라 먼 데 있는 자에게든지 가까운 데 있는 자에게든지 평강이 있을지어다 내가 그를 고치리라 하셨느니라 (이사야 57:18~19)

당신의 치유는 급속히 행해지고 있습니다.

그리하면 네 빛이 새벽같이 비칠 것이며 네 치유가 급속할 것이며 네 공의가 네 앞에 행하고 여호와의 영광이 네 뒤에 호위하리니 (이사야 58:8)

나는 한 여인을 기억합니다. 그녀는 캐트린 쿨만 집회에 그녀가 치유받기 전에 열한 번이나 참석했습니다. 열한 번이나 말입니다!

어느 날 나는 물어보았습니다. "당신은 왜 계속해서 그 집회에 참석했습니까?" 그녀는 말했습니다. "나는 알았기 때문입니다. 나는 나의 날이 오고 있음을 알았습니다. 그리고 나는 하나님께서 나를 고치실 때까지 그 집회에 참석하려 하고 있었습니다. 나는 포기하지 않고 있었습니다."

많은 사람들이 치유받지 못하는 이유는 그들이 너무나 빨리 포기하기 때문입니다. 기억하십시오. 믿음은 살아있는 것이며 믿음의 기도는 중요합니다. 여러분도 아시겠지만, 믿음은 단지 기도할 뿐만 아니라, 믿음은 행동하는 것이기도 합니다.

자, 빨리 말씀드리겠습니다. 하나님이 치유하실 때 그분은 치유에 필요한 믿음을 나누어 주십니다. 그분은 우리에게 어떤 분량의 믿음을 주십니다. 하나님은 그분의 성령을 통하여 치유를 필요로 하는 사람들에게 믿음을 나누어 주십니다. 그러므로 당신은 분투(struggle)하거나 구걸(beg)하지 말아야 합니다. 오직 받는 것입니다!

성경은 말씀합니다. "믿음의 기도는 병든 자를 구원하리니"

하나님께로 돌아오십시오.
그러면 그분께서 당신의 배역함을
고치실 것입니다.

배역한 자식들아 돌아오라 내가 너희의 배역함을 고치리라 하시니라 보소서 우리가 주께 왔사오니 주는 우리 하나님 여호와이심이니이다 (예레미야 3:22)

길르앗, 즉 예수님께 유향이 있습니다.

길르앗에는 유향이 있지 아니한가 그 곳에는 의사가 있지 아니한가 딸 내 백성이 치료를 받지 못함은 어찌 됨인고 (예레미야 8:22)

당신을 치유해 주시도록
하나님께 구하십시오.

여호와여 주는 나의 찬송이시오니 나를 고치소서 그리하시면 내가 낫겠나이다 나를 구원하소서 그리하시면 내가 구원을 얻으리이다 (예레미야 17:14)

우리가 우리의 믿음을 하나님께 둘 때, 우리는 풍성한 수확을 거두게 됩니다. 그 수확은 믿음으로 충만하며 번영으로 가득찬 것입니다.

예레미야 17장 7~8절은 말합니다. "그러나 무릇 여호와를 의지하며 여호와를 의뢰하는 그 사람은 복을 받을 것이라 그는 물 가에 심어진 나무가 그 뿌리를 강변에 뻗치고 더위가 올지라도 두려워 하지 아니하며 그 잎이 청청하며 가무는 해에도 걱정이 없고 결실이 그치지 아니함 같으리라"

나무가 자라서 성숙해감에 따라서 자연적으로 뿌리의 구조는 늘어납니다. 이것은 더해진 높이와 그리고 나무의 성장을 지탱하는 것을 돕기 위해서이며, 또 나무가 생존하는 것과 계속해서 성장하는데 필요한 물과 영양을 공급해 주기 위해서입니다. 영적으로 우리는 그 나무와 같아야 합니다. 우리의 뿌리 또는 우리의 믿음은 안정감을 가져오고 영적성장을 촉진시키기 위해 점점 더 깊어져가야 합니다.

말씀의 물은 생명을 가져다 줍니다. 그리고 우리는 영양을 받습니다. 우리가 하나님의 말씀을 이해하고 또 우리의 삶에 그것을 적용할 때, 우리는 우리의 삶을 위한 하나님의 약속들을 우리 것으로 할 수 있으며, 믿는 자로서 우리의 것들인 것을 받을 수 있게 됩니다.

하나님은 당신의 건강을 회복하실 것입니다.

여호와의 말씀이니라 그들이 쫓겨난 자라 하매 시온을 찾는 자가 없은즉 내가 너의 상처로부터 새 살이 돋아나게 하여 너를 고쳐 주리라 (예레미야 30:17)

하나님이 당신의 건강과 치유의
근원이십니다.

그러나 보라 내가 이 성읍을 치료하며 고쳐 낫게 하고 평안과 진실이 풍성함을 그들에게 나타낼 것이며 (예레미야 33:6)

당신의 치유를 위해 하나님의
자비를 구하십시오.

여호와의 인자와 긍휼이 무궁하시므로 우리가 진멸되지 아니함이니이다 이것들이 아침마다 새로우니 주의 성실하심이 크시도소이다 (예레미야 애가 3:22-23)

의사들과 의학은 많은 사람들에게 도움을 주어왔으며, 생명을 위협하는 질병들의 비밀을 푸는 의학적 연구에 대한 그들의 헌신으로 많은 사람들에게 계속해서 도움을 주고 있습니다. 그러나 모든 가능성 있는 방법들이 고갈되었을 때, 그리고 도움을 얻기 위해 더 이상 갈 곳이 없을 때, 여전히 한 가지 해답이 있는데 그것은 예수님께 가는 것입니다.

오늘날 조차도 많은 사람들은 예수님께로 나오기로 선택하지 않습니다. 왜냐하면 그들은 뭔가를 잃어버리는 것을 두려워하기 때문입니다. 즉 친구들, 직장, 평판 또 어떤 사회적인 지위를 잃을까 두려워서 예수님께로 나아오지 않습니다. 그들은 마가복음 5장 23~24절에서 야이로가 직면했던 것과 동일한 양상의 반대에 직면합니다.

야이로가 예수님께 나아왔을 때, 그의 마음 속에는 오직 한 가지만 있었습니다. 그는 그의 딸이 살게되기만 원했습니다.
그의 딸이 살아나길 원하는 그의 열망은 그가 직면할 수 있는 잃어버리는 것에 대한 어떠한 두려움도 능가했습니다. 그는 무엇을 잃어버리는 것에 대한 두려움을 극복했으며, 그리고 그가 받게 될 기적으로 더 가까이 나아갔습니다.

결코 포기하지 마십시오!

당신의 마음의 치유를 구하십시오.

또 새 영을 너희 속에 두고 새 마음을 너희에게 주되 너희 육신에서 굳은 마음을 제거하고 부드러운 마음을 줄 것이며 (에스겔 36:26)

하나님의 생명 강으로 나아와서
치유함을 받으십시오.

이 물이 동쪽으로 향하여 흘러 아라바로 내려가서 바다에 이르리니 이 흘러 내리는 물로 그 바다의 물이 되살아나리라 (에스겔 47:8)

하나님의 강으로부터 당신의 치유를
들여마십시오.

이 강물이 이르는 곳마다 번성하는 모든 생물이 살고 또 고기가 심히 많으리니 이 물이 흘러들어가므로 바닷물이 되살아나겠고 이 강이 이르는 각처에 모든 것이 살 것이며 (에스겔 47:9)

아들 죠슈아를 내 무릎 위에 앉혀놓고 그날의 행동들을 심사숙고하면서 잠시 동안 나는 긴장을 풀었습니다. 나는 죠슈아를 내려다 보았습니다. 그리고 나는 그가 나의 팔에 안겨서 금새 잠들어 버린 것을 알아차렸습니다. 그는 거기 누운 채로 너무나 평화스러워 보였습니다.

그 평온한 순간에, 내 팔에서 잠들어 있는 아이를 안고 있을 때 아버지로서 내가 느낀 사랑은 너무나 풍성했습니다.

그러나 주님께서 내 마음에 말씀하셨을 때, 죠슈아를 향해 내가 느낀 사랑과 나에 대한 그분의 부드러운 사랑을 비교해 보았습니다. 그리고 나는 그분의 자녀들인 우리를 향하신 무한하신 하나님 아버지의 사랑에 비교할 때, 내 아들에 대한 나의 사랑은 얼마나 약하고 깨어지기 쉬운 것인지 이해하게 되었습니다.

아버지로서 나의 자녀들을 위해서 못할 일은 아무것도 없습니다. 그러나 나의 능력과 기꺼이 그를 위해서 공급하고 돌보려는 마음 뿐만 아니라, 그들을 위한 나의 사랑은 우리의 천부께서 당신과 나를 위해 가지신 놀랍고도 성실하신 사랑 즉, 갈보리에서 있었던 사랑과는 비교하기 시작할 수도 없습니다.

당신의 치유를 위해 항상 계신
이*(the Ancient of Days)*에게로 나아 오십시오.

내가 보니 왕좌가 놓이고 옛적부터 항상 계신 이가 좌정하셨는데 그의 옷은 희기가 눈 같고 그의 머리털은 깨끗한 양의 털 같고 (다니엘 7:9)

당신의 치유자인 하나님을 아십시오.
그리고 그분 안에서 강건하십시오.

언약을 배반하고 악행하는 자를 속임수로 타락시킬 것이나 오직 자기의 하나님을 아는 백성은 강하여 용맹을 떨치리라 (다니엘 11:32)

지혜롭게 행하십시오.
그리고 다른 사람들을 당신의 치유자이신
하나님께로 돌아오게 하십시오.

지혜 있는 자는 궁창의 빛과 같이 빛날 것이요 많은 사람을 옳은 데로 돌아오게 한 자는 별과 같이 영원토록 빛나리라 (다니엘 12:3)

만일 치유가 한 사람에게 확장된다면, 성경전체를 통하여 매우 많은 경우에서 그러하듯이, 그때 그것은 모든 사람에게 확장되는 것이 가능해질 것입니다.

기적은 그럴만한 가치가 있다고 생각되는 사람들에게 선별적으로 주어지는 것이 아니고 모든 남자와 여자, 소년과 소녀에게 주어질 수 있는 것입니다. 그것은 또한 당신도 포함합니다!

하나님의 치유의 권능은 역사에서 시간의 틀에나 어떤 개인들에게 제한받지 않습니다. 그분은 기적의 하나님이십니다.

그분은 죽을 수밖에 없는 인간의 삶 가운데서 우리가 그분께 손을 내밀고 받을 것을 기대하면서 믿음으로 구할 때 불가능한 것들을 행하여 오셨고, 또 언제나 행하실 완전하고 사랑이 풍부하신 그리고 변역치 않으시는 아버지이십니다.

치유와 건강에 대한 하나님의 약속은 역사를 통해 모든 세대들에게 해당되었듯이 우리가 살고있는 이 세대에도 역시 동일하게 해당되는 것입니다.

하나님께로 돌아와서 치유함을 받으십시오.

오라 우리가 여호와께로 돌아가자 여호와께서 우리를 찢으셨으나 도로 낫게 하실 것이요 우리를 치셨으나 싸매어 주실 것임이라 (호세아 6:1)

하나님께서 그분의 팔로 당신을 안으시게 하여
당신을 치유하시도록 하십시오.

내가 에브라임에게 걸음을 가르치고 내 팔로 안았음에도 내가 그들을 고치는 줄을 그들은 알지 못하였도다 (호세아 11:3)

회개하여 당신의 패역함을 치유받으십시오.

내가 그들의 반역을 고치고 기쁘게 그들을 사랑하리니 나의 진노가 그에게서 떠났음이니라 (호세아 14:4)

나의 큰 딸인 제시카가 아장아장 걸어다녔을 때, 숲에서 걷도록 붙들어 주던 일을 기억합니다. 우리가 조그마한 언덕배기를 걸어올라가려고 했을 때, 나는 손을 내밀어 제시카의 손을 잡아주었습니다. 나는 제시카가 미끄러지거나 넘어지는 걸 원하지 않았습니다.

제시카의 조그만 손은 내 손을 잡기에는 너무나 연약했습니다. 그 아이는 그 언덕 정상에 도달하도록 도와주는 나의 힘에 의존하고 있었습니다.

그때 성령께서 제게 말씀하셨습니다.
"누가 네 손을 잡고 있느냐?"
나는 그것에 관해 생각하면서 말했습니다.
"주님, 당신입니다."

그것은 얼마나 진실인지요. 우리 모두는 나의 어린 딸 제시카같습니다. 그분의 손을 잡기에는 우리는 너무나 연약합니다. 그분께서 우리의 손을 잡고 계십니다.

성경은 말씀합니다. "나 여호와 너의 하나님이 네 오른손을 붙들고 네게 이르기를 두려워하지 말라 내가 너를 도우리라 할 것임이니라 (이사야 41:13)"

하나님께서 자신의 치유의 영을
당신에게 부으시게 하십시오.

그 후에 내가 내 영을 만민에게 부어 주리니 너희 자녀들이 장래 일을 말할 것이며 너희 늙은이는 꿈을 꾸며 너희 젊은이는 이상을 볼 것이며 (요엘 2:28)

당신은 아프고 연약합니까? 주 당신의 하나님 안
에서 당신은 강하다고 말하십시오.

너희는 보습을 쳐서 칼을 만들지어다 낫을 쳐서 창을 만들지어다 약한 자도 이르기를 나는 강하다 할지어다 (요엘 3:10)

선을 구하십시오. 그러면 치유자이신 하나님이
당신과 함께 해 주실 것입니다.

너희는 살려면 선을 구하고 악을 구하지 말지어다 만군의 하나님 여호와께서 너희의 말과 같이 너희와 함께 하시리라 (아모스 5:14)

하나님은 자신의 모든 자녀들이 신적인 건강(divine health) 가운데서 살도록 의도하셨습니다. "사랑하는 자여 네 영혼이 잘됨 같이 네가 범사에 잘되고 강건하기를 내가 간구하노라"라고 성경은 말씀합니다.

하나님의 거룩한 욀망은 그분의 백성들이 잘되고 건강하게 사는 것입니다. 이것은 바로 하나님의 말씀입니다. 그러나 슬프게도 오늘날 매우 많은 사람들이 아프며, 그래서 그런 식으로 되는 것은 기대할 수 없게 되어 있습니다.

우리는 공기 가운데 있는 많은 독성, 또한 우리가 먹는 음식에도 많은 독성이 있는 사회에서 우리가 살고 있다는 것을 나는 압니다.

그러나 나는 성경이 말씀하시는 것을 믿습니다. 당신이 그분께 순종하면 그분께서 당신의 떡을 축복하시며, 당신이 먹는 물을 축복하실 것입니다.

당신도 아시듯이, 당신이 할 수 없는 것을 하나님께서 하실 것입니다. 어느날 주님께서 저에게 하신 말씀을 나는 결코 잊을 수 없을 것입니다. "네가 알지 못할 때는 내가 너를 보호하리라. 그러나 네가 알 때 책임은 너에게 있느니라"

그래서 우리가 먹는 음식에 무엇이 들어 있는지 우리가 알지 못할 때가 자주 있습니다. 그러나 그때가 바로 하나님께서 우리를 보호해 주실 때입니다.

질병에서 벗어나기 위해 시온산에서
하나님을 바라보십시오.

오직 시온 산에서 피할 자가 있으리니 그 산이 거룩할 것이요 야곱 족속은 자기 기업을 누릴 것이며 (오바댜 1:17)

당신의 치유를 하나님께 감사드리기
시작하고 당신이 서원했던 것을
하나님께 갚으십시오.

나는 감사하는 목소리로 주께 제사를 드리며 나의 서원을 주께 갚겠나이다 구원은 여호와께 속하였나이다 하니라 (요나 2:9)

나의 어머니는 언제나 자신이 만드는 요리에 많은 사랑을 쏟아넣었습니다. 어머니가 만들고 계시던 어떤 음식이든 우리 집안을 좋은 향기로 가득 채웠습니다.

가정에서 몇몇 자라나는 남자아이들로 인해, 남은 음식들은 문제가 되지 않았습니다. 나는 남은 음식을 좋아하지 않습니다. 그리고, 주님도 역시 그렇습니다. 왜냐하면 그분은 언제나 우리의 최선을 요구하시며 결코 우리의 쓰고 남은 것들을 요구하시지 않기 때문입니다.

그래서 우리는 하나님께서는 친히 우리를 축복하셨던 자원들(resources)을 우리가 어떻게 다루기를 원하시는 걸까에 관한 성경의 원칙들에 더해 정말로 감사할 수 있기 전에 우리는 먼저 한 가지 중요한 것을 행해야 합니다. 그것은 모든 것을 그분께 양도해 드리는 것입니다.

순종과 함께 당신의 치유를 구하십시오.

사람아 주께서 선한 것이 무엇임을 네게 보이셨나니 여호와께서 네게 구하시는 것이 오직 정의를 행하며 인자를 사랑하며 겸손하게 네 하나님과 함께 행하는 것이 아니냐 (미가 6:8)

자, 양도하는 것은 단지 말만 하는 것이 아닙니다. 양도(surrender)는 기도하는 마음으로 다음과 같이 말하는 것입니다.

"주님, 나의 몸은 당신의 것이옵니다
내 손의 수고도 당신의 것이옵니다
나의 가족도 당신의 것이옵니다
나의 모든 소유도 당신의 것이옵니다
내가 가진 모든 것은 당신의 것이옵니다.
당신은 진실로 주님이십니다.
그리고, 나는 또한 당신께서 나의 심령도 소유하시길 원하옵니다"

이것이 바로 양도하는 것입니다.

당신의 치유자에 대한 좋은 소식을
선포하십시오.

볼지어다 아름다운 소식을 알리고 화평을 전하는 자의 발이 산 위에 있도다 (나훔 1:15)

하나님께서 치유하신다는 지식으로
세상을 가득 채우십시오.

이는 물이 바다를 덮음 같이 여호와의 영광을 인정하는 것이 세상에 가득함이니라 (하박국 2:14)

하나님의 치유는 기쁨과 안식과
사랑으로 당신을 채우십니다.

너의 하나님 여호와가 너의 가운데에 계시니 그는 구원을 베푸실 전능자이시라 그가 너로 말미암아 기쁨을 이기지 못하시며 너를 잠잠히 사랑하시며 너로 말미암아 즐거이 부르며 기뻐하시리라 (스바냐 3:17)

당신이 하나님으로부터 당신의 기적을 받은 후에, 기적을 반대하고 대항하는 사람들을 멀리하십시오.

의심과 불신과 죽음을 가져오며 믿음을 파괴하는 말, 또는 무익한 말을 하는 사람들을 멀리 하십시오.

당신이 받은 기적 때문에 당신과 마음을 같이 하고 당신을 강하게 하며, 당신의 믿음을 건축해주는 믿음으로 가득찬 신자들, 그리고 당신과 함께 기뻐하는 사람들로 당신 주변을 둘러싸도록 하십시오.

예수님의 이름으로 잘 치유되었으며 또한 온전하게 치유된 자신을 계속해서 바라보십시오.

예수 그리스도를 통하여 당신의 것이 된 풍성한 유산을 경험하십시오!

하나님의 말씀이 약속하시는 것을 배우고, 그 약속 위에 서십시오.

의심과 불신에게 안녕을 고하십시오.

당신을 치유하신 하나님이 오늘날 당신을 지켜주시며, 또 날마다 지켜주심을 믿으십시오.

두려워하지 마십시오.

너희가 애굽에서 나올 때에 내가 너희와 언약한 말과 나의 영이 계속하여 너희 가운데에 머물러 있나니 너희는 두려워하지 말지어다 (학개 2:5)

당신의 힘이나 능력으로 치유되지
않을 것입니다. 오직 하나님의 신으로
치유될 것입니다.

만군의 여호와께서 말씀하시되 이는 힘으로 되지 아니하며 능력으로 되지 아니하고 오직 나의 영으로 되느니라 (스가랴 4:6)

예수 그리스도는 당신 앞에서
자신의 양 날개 안에 치유를 가지고
행하십니다.

내 이름을 경외하는 너희에게는 공의로운 해가 떠올라서 치료하는 광선을 비추리니 너희가 나가서 외양간에서 나온 송아지 같이 뛰리라 (말라기 4:2)

성경은 기적에 관한 영광스러운 기록들로 가득 차 있습니다. 예수님의 사역에서 시종일관하여 예수님께서는 남자들과 여자들의 삶에 초자연적으로 개입하셨던 많은 경우들을 보여주고 있습니다. 가나에서 물이 변하여 포도주가 되게 하신 것에서 시작하여, 야이로의 딸을 죽음에서 일으키신 것에 이르기까지, 그분은 절망적인 삶에 도우심과 소망을 가져다 주었습니다.

예수님께서 치유하시기에 너무 어려운 질병이나 상태는 없었습니다. 그분은 모든 질병을 다스리는 권능을 소유하셨습니다.

사람들 가운데서 모든 종류의 아픔(sickness)과 모든 종류의 질병(disease)을 치유하시면 이 땅을 걸으셨던 동일하신 예수님께서 오늘날도 여전히 치유하고 계십니다.

병든 몸이 예수님의 치유하시는 손길에 의해 변화될 때, 질병과 연약함은 사라집니다. 주님께서 나타나실 때 건강과 생명은 회복됩니다.

신약성경에 있는
치유의 약속들

from the
NEW TESTAMENT

예수님은 모든 종류의 질병을 치유하십니다.

예수께서 온 갈릴리에 두루 다니사 그들의 회당에서 가르치시며 천국 복음을 전파하시며 백성 중에 모든 병과 모든 약한 것을 고치시니 (마태복음 4:23)

당신의 믿음이 당신을 온전케 합니다.

예수께서 돌이켜 그를 보시며 이르시되 딸아 안심하라 네 믿음이 너를 구원하였다 하시니 여자가 그 즉시 구원을 받으니라 (마태복음 9:22)

당신의 질병은 동정심으로 그분을 움직이게 합니다.

예수께서 나오사 큰 무리를 보시고 불쌍히 여기사 그 중에 있는 병자를 고쳐 주시니라 (마태복음 14:14)

예수님의 옷자락에 손을 대기를 시도했던 여인을 기억합니까? 그것은 치유를 가져온 그녀의 손의 접촉이 아니었습니다. 그것은 그녀의 믿음의 접촉이었습니다.

그 여인이 주님의 옷자락을 만졌을 때, 주님은 자신에게서 능력이 빠져나가는 것을 느꼈습니다. 그리고 말씀하셨습니다. "누가 나를 만졌느냐?"

그리고 베드로가 말했습니다. "주님, 많은 사람들이 당신을 만지고 있습니다." 그러나 예수님께서 말씀하셨습니다. "아니다, 누군가가 나를 만졌느니라." 많은 손들이 본능으로(in the natural) 그분을 만지고 있었습니다. 그러나 오직 한 여인만이 믿음으로 그분을 만졌습니다.

당신은 말합니다. "어떻게 우리가 그분을 만집니까?" 당신이 그분을 의지할 때 당신은 당신의 신뢰(trust)로 그분을 만집니다.

그것은 매우 간단합니다. 그렇습니다. 매우 간단합니다.

예수님께 손을 내미시고 치유받으십시오.

이는 많은 사람을 고치셨으므로 병으로 고생하는 자들이 예수를 만지고자 하여 몰려왔음이더라 (마가복음 3:10)

**예수님은 모든 악령들을
쫓아내실 수 있습니다.**

많은 귀신을 쫓아내며 많은 병자에게 기름을 발라 고치더라 (마가복음 6:13)

**예수님을 만지십시오.
그러면 성함을 얻을 것입니다.**

아무 데나 예수께서 들어가시는 지방이나 도시나 마을에서 병자를 시장에 두고 예수께 그의 옷 가에라도 손을 대게 하시기를 간구하니 손을 대는 자는 다 성함을 얻으니라 (마가복음 6:56)

하나님이 주권자이시며, 그분께서 원하시는 것을 하실 수 있는 것이 진실인 한, 그분이 말씀하시는 것을 그분께서 행하시기에 충분할만큼 그분을 신뢰함으로서 우리가 우리의 사랑을 보여줄 때, 하나님은 기뻐하신다는 것도 또한 진실입니다. 그리고 나는 이것을 하나님께 대해 단순히 정신적으로 동의하는 것을 의미하지 않습니다.

나는 행함으로 그 자체를 나타내는 어떤 믿음을 의미합니다. 그것은 참된 믿음입니다. 그리고 이것에 대한 사랑으로 충만하신 하나님의 반응(God's loving response)은 자유롭게 사용할 수 있는 그분의 강력한 부활의 권능을 넣어주는 것입니다.

우리가 여는 집회들 중에서 나는 자주 회중들에게 치유해주시길 원하는 몸의 부위에 각자의 손을 대도록 말해 왔으며, 앞으로도 그렇게 할 것입니다.

그들의 아픈 팔을 움직이거나 그들의 아픈 다리를 굽히기 시작하도록 나는 용기를 복돋워 줄 것입니다. 이러한 행동들 그 자체로서는 아무것도 하지 못합니다. 그러나 그러한 행동들은 그 사람이 하나님의 치유능력에 대한 믿음을 가지고 있음을 증명해 보여줍니다. 그리고 성경에서 여러분들이 거듭해서 볼 수 있듯이 주 예수님께서 병든 자를 고치셨을 때, 그분은 기적이 일어나기 전에 그들이 뭔가를 행할 것을 요구하셨습니다.

예수님은 상한 마음을 고치십니다.

주의 성령이 내게 임하셨으니 이는 가난한 자에게 복음을 전하게 하시려고 내게 기름을 부으시고 나를 보내사 포로 된 자에게 자유를, 눈 먼 자에게 다시 보게 함을 전파하며 눌린 자를 자유롭게 하고 주의 은혜의 해를 전파하게 하려 하심이라 (누가복음 4:18)

예수님께서 당신을 치유하시려고, 당신에게 손을 얹으시려고 오실 것입니다.

해 질 무렵에 사람들이 온갖 병자들을 데리고 나아오매 예수께서 일일이 그 위에 손을 얹으사 고치시니 (누가복음 4:40)

나의 집회에서 성령께서는 왜 그렇게도 자주 치유를 위해 기도하라고 지시하시는지에 대해 나는 종종 의아해 왔습니다. 그리고 왜 나의 사역에서는 성령의 권능 아래 넘어지는 사람들이 줄곧 있어왔던 것일까에 대해서 의문을 품어 왔습니다.

그러나 내가 그 집회들을 통해 나타난 결과들을 볼 때, 성령의 모든 나타나심(manifestation)은 한 가지 목적을 위함인데, 그것은 바로 사람들을 그리스도께로 데려오는 것임을 보게 됩니다.

그것은 하나님은 살아계시며, 그분은 지금도 여전히 사람들의 삶 가운데서 역사하고 계신다는 증거입니다.

나는 실제로 성령의 권능 아래 넘어진 수 천명의 사람들을 보아왔습니다. 그리고 그들이 느꼈던 모든 것은 단지 하나님의 작은 손길에 지나지 않는 것임을 믿습니다. 그러나 그것은 경외스러운 전능의 능력을 나타내며 그리고 그것은 사람들을 구세주께로 이끌어옵니다.

치유받거나 "성령 안에서 죽임을 당하는 것(slain in the Spirit)"은 천국에 가기 위한 선행조건으로서 반드시 필요한 것은 아닙니다. 천국을 위한 오직 하나의 문이 있는데, 그리스도 주님이십니다.

주님의 권능은
당신을 치유하기 위한 선물입니다.

하루는 가르치실 때에 갈릴리의 각 마을과 유대와 예루살렘에서 온 바리새인과 율법교사들이 앉았는데 병을 고치는 주의 능력이 예수와 함께 하더라 (누가복음 5:17)

성부 하나님은 자신의 하늘 보좌에 좌정해 계시고, 예수님은 지상에서 병든 자들을 치유하시며 기적을 일으키고 계시는 모습을 상상해 본다면, 성령님께 대해서는 어떻게 그려보시겠습니까?

그분은 성부 하나님과 성자 예수님의 두 인격을 연결하는 통로이십니다.

다음 장면을 그려보십시오.

예수님은 매우 심각하게 아픈 어떤 사람 곁을 걸어가고 있습니다. 성부 하나님께서 전화기를 들고(마치 그분께서 어떤 한 사람을 필요로 한 것처럼) 그리고 말씀하십니다. "성령이십니까? 예수를 멈추도록 하십시오! 그가 지금 있는 바로 그 자리에서 멈추도록 그에게 말하시오."

성령이 말씀하십니다. "알았습니다." "예수는 멈추시오."

성령께서 전화기로 말합니다. "성부시여, 그(예수)가 해야할 일은 무엇입니까?"

"그(예수)에게 그 사람을 치유하라고 말하십시오"라고 성부 하나님의 음성이 말씀하십니다.

예수께서는 즉시 자신의 손을 그 사람에게 얹습니다. 예수님을 통하여 성령의 권능이 흐르게 되고, 그 사람은 기적적으로 나음을 입었습니다.

**당신은 죽음 직전의 상태에 처해
있습니까? 오직 예수님만이 당신을
치유하실 수 있습니다.**

그가 예수께서 유대로부터 갈릴리에 오셨다는 것을 듣고 가서 청하되 내려오셔서 내 아들의 병을 고쳐 주소서 하니 그가 거의 죽게 되었음이라 (요한복음 4:47)

**자신에게 물어보십시오.
당신은 진실로 낫고자 합니까?**

예수께서 그 누운 것을 보시고 병이 벌써 오래된 줄 아시고 이르시되 네가 낫고자 하느냐 (요한복음 5:6)

**치유받은 후 더 이상 죄를
짓지 마십시오.**

그 후에 예수께서 성전에서 그 사람을 만나 이르시되 보라 네가 나았으니 더 심한 것이 생기지 않게 다시는 죄를 범하지 말라 하시니 (요한복음 5:14)

예수님이 오늘날도 여전히 치유하시는 이유

1. 예수님은 동정심을 가지고 계시므로 치유하십니다. 그분은 십자가 위에서 견디셨던 것으로 인해 우리가 경험하는 아픔과 괴로움을 완전히 이해하시고 계십니다.
2. 예수님은 아버지(His Father)께 영광을 돌려드리기 위해 치유하십니다. 그리스도께서는 자기의 능력의 근원을 아셨으며, 아버지의 일을 행하기 위해 오셨음을 끊임없이 사람들에게 상기시키셨습니다.
3. 예수님은 아버지의 약속을 충족시키기 위해 치유하십니다. 그리스도의 기적들은 … 하나님의 선지자들을 통해 그분의 백성인 우리에게 말하여진 하나님의 약속의 성취입니다.
4. 치유는 그분의 자녀들 것입니다. 하나님은 사람을 차별하는 것 없이 치유하십니다.
5. 치유는 하나님의 권능을 드러내 보여줍니다.
6. 치유는 예수님의 보혈의 권능을 드러내 보여줍니다. 십자가 위에서 그리스도의 죽으심은 당신의 구원을 위해서일 뿐만 아니라, 당신의 치유를 위해서이기도 합니다.
7. 예수님은 마귀의 일을 멸하기 위해서 치유하십니다. 매시간 누군가가 치유받습니다. 사단은 강편치를 맞고 비틀거리고 있습니다.

주님께서 손을 내밀어 당신을 치유해
주시도록 요청하십시오.

주여 이제도 그들의 위협함을 굽어보시옵고 또 종들로 하여금 담대히 하나님의 말씀을 전하게 하여 주시오며 손을 내밀어 병을 낫게 하시옵고 표적과 기사가 거룩한 종 예수의 이름으로 이루어지게 하옵소서 하더라 (사도행전 4:29~30)

하나님께서는 모든 사람이
치유받기를 원하십니다.

예루살렘 부근의 수많은 사람들도 모여 병든 사람과 더러운 귀신에게 괴로움 받는 사람을 데리고 와서 다 나음을 얻으니라 (사도행전 5:16)

예수님은 당신을 고치시기 위해
기름 부으심을 받았습니다.

하나님이 나사렛 예수에게 성령과 능력을 기름 붓듯 하셨으매 그가 두루 다니시며 선한 일을 행하시고 마귀에게 눌린 모든 사람을 고치셨으니 이는 하나님이 함께 하셨음이라 (사도행전 10:38)

바울과 바나바가 도시에서 도시로 다니면서 사역했을 때 그들의 설교에는 권능이 있었으며, 그들의 말과 행동에는 권위와 확신이 있었습니다.

그들이 루스드라에 왔을 때, 나면서부터 앉은뱅이가 되어서 한 번도 걸어본 적이 없는 사람이 그들의 소문을 들었습니다. 바울이 말하는 것을 듣거늘 바울이 주목하여 "고침을 받을 만한 믿음"이 그에게 있는 것을 보고 큰소리로 외쳤습니다.

"네 발로 바로 일어서라" 하니 그 사람이 그의 발로 뛰었고 걷기 시작하였습니다.

바울은 자기가 설교하는 동안 그 사람을 보고 있었습니다. 그러나 그 사람이 기적을 받을 만한 준비가 될 때까지 말하기를 기다렸습니다. 성령께서 그 기적을 위한 정확한 때를 아는 분별력을 바울에게 주셨습니다.

죄와 질병에 대해서 죽고
그리스도 안에서 산자가 되십시오.

이와 같이 너희도 너희 자신을 죄에 대하여는 죽은 자요 그리스도 예수 안에서 하나님께 대하여는 살아 있는 자로 여길지어다 (로마서 6:11)

성령께서 당신의 치유를 위해, 당신이
기도할 수 있도록 도우시도록 하십시오.

이와 같이 성령도 우리의 연약함을 도우시나니 우리는 마땅히 기도할 바를 알지 못하나 오직 성령이 말할 수 없는 탄식으로 우리를 위하여 친히 간구하시느니라 (로마서 8:26)

하나님께서 당신의 삶에서 모든 상황의
한 가운데서 선을 위해 역사하시고
계심을 믿으십시오.

우리가 알거니와 하나님을 사랑하는 자 곧 그의 뜻대로 부르심을 입은 자들에게는 모든 것이 합력하여 선을 이루느니라 (로마서 8:28)

믿음은 당신의 기적에 매우 중요합니다.

치유는 믿음으로 받으며, 또한 치유는 믿음으로 유지됩니다. 믿음은 현실적인 상황을 부정하지 않습니다. 믿음은 현실을 변화시킵니다. 믿음은 기도함으로 오게 되는 어떤 것이 아닙니다. 오히려 "믿음은 들음에서 나며 들음은 그리스도의 말씀으로 말미암았느니라"(로마서 10:17)라고 성경은 말씀합니다.

들음(hearing)이라는 말은 현재시제로 쓰여졌는데, 이것은 우리가 끊임없이 계속해서 들어야 한다는 것을 암시해주고 있습니다.

당신이 어제 들은 말씀으로는 당신의 영적인 생활을 무한히 계속하여 유지하기에는 충분하지 못합니다. 그러므로 우리는 하나님의 말씀이 끊임없이 우리의 영을 씻어내어, 믿음이 자랄 수 있도록 허용해 드려야 합니다.

믿음은 하나님의 말씀을 듣고 거듭 들음으로써 오는 것입니다. 하나님의 말씀 안에 들어있는 진리는 생명을 가져다 주는 것이며, 우리를 자유케 하며, 우리를 자유케 유지시켜 주는 것입니다.

당신의 몸은 하나님의 성령이
거하시는 전입니다.

너희는 너희가 하나님의 성전인 것과 하나님의 성령이 너희 안에 계시는 것을 거하시는 것을 알지 못하느냐 (고린도전서 3:16)

당신을 위해 기도해 줄 교회 안에 있는
치유 은사자를 찾으십시오.

각 사람에게 성령을 나타내심은 유익하게 하려 하심이라 어떤 사람에게는 성령으로 말미암아 지혜의 말씀을, 어떤 사람에게는 같은 성령을 따라 지식의 말씀을, 다른 사람에게는 같은 성령으로 믿음을, 어떤 사람에게는 한 성령으로 병 고치는 은사를 (고린도전서 12:7~9)

언제나 기억하십시오. 하나님께 중요한 사실은 우리 자신의 능력(ability)이 아니라, 우리가 가진 유용성(availability)입니다.

우리가 우리 자신을 섬김을 위해(for service) 그분께 유용하도록(available) 해드릴 때, 우리는 그분의 치유 권능과 임재를 다른 사람들의 삶에 가져오도록 그분께서 기름부으실 수 있는 통로가 되게 됩니다.

기적의 집회들 가운데서도 같은 일이 일어납니다. 그러한 영광스러운 기적들은 내가 가진 어떤 능력(ability) 때문에 일어나는 것이 아닙니다. 나는 개미 한 마리 고치는 것조차도 불가능합니다.

강단을 향하여 내가 언제나 한 발 내딛기 전에는 항상 저와 함께 걸어나가시도록 성령님을 초청합니다. 나 자신을 하나님께 유용하게 (available) 해드릴 때, 그분은 봉사를 위해(for service) 저에게 기름부어 주십니다. 그리고 그분의 권능과 임재가 그 예배 가운데 나를 통하여 흐를 때, 사람들을 만지는 것은 내가 가진 어떤 것이 아닙니다. 바로 주님께서 그렇게 해주십니다.

그리스도 안에서 하나님의 치유 약속을
주장하십시오.

하나님의 약속은 얼마든지 그리스도 안에서 예가 되니 그런즉 그로 말미암아 우리가 아멘 하여 하나님께 영광을 돌리게 되느니라 (고린도후서 1:20)

바짝 말라 건조한 땅에서 자라고 있는 갈급하고 시들어가는 초목들에게 물을 옮겨다 주는 정원의 호수와 매우 비슷하게, 나는 단지 하나님의 치유 권능과 임재를 상처받고 영적으로 갈급한 사람들에게 가져다주기 위해 하나님께서 기름부으시고 사용하시는 통로일 뿐입니다.

나는 자신을 그분이 사용하실 수 있게 해드립니다. 그리고 그 나머지는 그분이 하십니다!

질병을 포함하여 모든 저주는
그리스도에 의해 깨뜨려졌습니다.

그리스도께서 우리를 위하여 저주를 받은 바 되사 율법의 저주에서 우리를 속량하셨으니 기록된 바 나무에 달린 자마다 저주 아래에 있는 자라 하였음이라 (갈라디아서 3:13)

그리스도로 옷입고
그분의 치유로 옷입으십시오.

누구든지 그리스도와 합하기 위하여 세례를 받는 자는 그리스도로 옷 입었느니라 (갈라디아서 3:27)

그리스도 안에서 당신의 치유를
기다리며 소망하십시오.

우리가 성령으로 믿음을 따라 의의 소망을 기다리노니 (갈라디아서 5:5)

우리는 예수님께서 많은 기적들을 행하셨음을 알고 있습니다. 게다가 그분께서는 자신을 믿는 사람들에게 말씀하셨습니다. "또한 그보다 큰 일도 하리니" (요한복음 14:12)

표적들, 기사들, 치유들에 관해 내가 설명해 드릴 수 있다면 좋으련만, 그러나 나는 그렇게 할 수가 없습니다.

내가 아는 모든 것은 그러한 표적과 기사, 치유가 그리스도의 사역과 사도의 사역에서 끝난 것이 아니라는 것입니다. 어떻게 내가 그것을 확신할 수 있겠습니까? 최소한 나 자신의 개인적 경험으로부터입니다.

나는 내가 처음으로 설교하기 위해 강단에 섰던 그 순간에도 전혀 사라지지 않았던 심각한 말더듬의 문제를 가진 채로 태어났습니다.

하나님은 자신의 말씀을 확증해 주시며 표적과 기사, 그리고 여러 가지 기적들, 그리고 성령의 다양한 은사들을 증거로 삼으십니다(히브리서 2:4).

과거로 돌아가는 것이 아니라 바로 지금 이 시간입니다.

그리스도 보혈 안에
치유의 권능이 있습니다.

우리는 그리스도 안에서 그의 은혜의 풍성함을 따라 그의 피로 말미암아 속량 곧 죄 사함을 받았느니라 (에베소서 1:7)

하나님께서는 당신이 상상할 수 있었던
모든 것보다 더 많은 것을
당신의 치유에서 행하실 것입니다.

우리 가운데서 역사하시는 능력대로 우리가 구하거나 생각하는 모든 것에 더 넘치도록 능히 하실 이에게 교회 안에서와 그리스도 예수 안에서 영광이 대대로 영원무궁하기를 원하노라 (에베소서 3:20~21)

병든 옛사람을 벗어버리고 그리스도
안에서 새사람을 입으십시오.

하나님을 따라 의와 진리의 거룩함으로 지으심을 받은 새 사람을 입으라 (에베소서 4:24)

당신이 주님의 만찬을 기념할 때마다 우리가 하나님과 교제를 가질 수 있는 것은 예수 그리스도의 보혈 때문이라는 사실을 기억하십시오. 그리고 그분의 몸이 상하고 그분의 피가 흘렸을 때, 그분께서 우리를 위해 행하신 것을 우리가 회상해 볼 때, 그때 하나님의 임재는 내려오실 것입니다.

내 자신의 사적이고 개인적인 기도 생활에서뿐만 아니라, 교회 예배와 커다란 규모의 기적의 예배들 동안에도, 하나님의 기름부으심은 언제나 예수님의 보혈을 통하여 온다는 사실을 나는 내 자신의 경험 가운데 보아왔습니다.

나는 보혈로 인해 그분께 감사드림 없이는 결코 예배를 인도하지 않습니다. 그리고 내가 보혈에 감사드리는 매번마다 하나님의 임재는 내려오고 기적은 일어납니다.

옛 언약에서 피가 제단에 드려졌을 때 하나님께서는 불로서 응답하셨습니다. 그것은 오늘날에도 동일합니다. 예수 그리스도의 보혈이 존귀하게 여겨질 때, 십자가가 존귀하게 여겨질 때 성령께서 오셔서 사람들의 삶을 만져 주십니다.

당신을 치유하는 선한 일은
완성될 것입니다.

너희 안에서 착한 일을 시작하신 이가 그리스도 예수의 날까지 이루실 줄을 우리가 확신하노라 (빌립보서 1:6)

당신의 치유를 위해 기도하고
염려하지 마십시오.

아무 것도 염려하지 말고 다만 모든 일에 기도와 간구로, 너희 구할 것을 감사함으로 하나님께 아뢰라 (빌립보서 4:6)

치유를 위한 당신의 필요는
공급될 것입니다.

나의 하나님이 그리스도 예수 안에서 영광 가운데 그 풍성한 대로 너희 모든 쓸 것을 채우시리라 (빌립보서 4:19)

기억하십시오. 당신이 당신의 신뢰를 하나님께 둘 때, 불가능은 없다는 사실을!

우리가 만일 "겨자씨 한 알 만큼의 믿음"을 가지고 있다면 그것으로 하나님께서 역사하시기에 충분하다고 성경은 말씀합니다. 주님께서 당신을 위하여 개입하실 것입니다. 겨자씨 한 알은 바늘귀(the head of a pin)보다 작습니다. 그러나 하나님의 말씀은 그것으로 충분하다고 선포합니다.

어느날 누군가가 캐트린 쿨만에게 말했습니다. "캐트린, 당신은 위대한 믿음을 가지고 계심이 틀림없습니다." 캐트린이 대답했습니다. "아니오. 나는 위대한 하나님을 믿는 작음 믿음(little faith)을 가지고 있을 뿐입니다."

우리는 이 사실에 대해 확신할 수 있습니다. 우리의 믿음이 조그만할 때 우리 하나님은 크시다는 사실을 말입니다!

기억하십시오. 예수님은 당신의 믿음에 관심이 있습니다. 그분은 당신이 당신의 기적을 받을 때까지 그것을 보호해 주실 것입니다. 포기하지 마십시오! 단지 믿기만 하십시오!

당신의 치유자이신 그리스도 안에서 걸으십시오.

그러므로 너희가 그리스도 예수를 주로 받았으니 그 안에서 행하되 (골로새서 2:6)

그리스도와 그분의 치유 안에 당신 자신을 숨기십시오.

이는 너희가 죽었고 너희 생명이 그리스도와 함께 하나님 안에 감추어졌음이라 (골로새서 3:3)

하나님의 말씀 안에 치유가 있습니다.

그리스도의 말씀이 너희 속에 풍성히 거하여 모든 지혜로 피차 가르치며 권면하고 시와 찬송과 신령한 노래를 부르며 감사하는 마음으로 하나님을 찬양하고 (골로새서 3:16)

나는 믿음이 소망 또는 기대 이상의 것임을 믿습니다. 믿음은 한 인격 때문에 살아있습니다.

그분의 이름은 예수입니다. 그것은 실로 너무나 단순합니다. 그리스도가 계신 곳에 믿음이 있습니다. 그리스도가 계시지 않는 곳에 믿음은 없습니다.

캐트린 쿨만은 조그마한 배를 타고 자신의 제자들과 함께 갈릴리 바다를 건너는 예수님의 이야기를 즐겨 했습니다. 무서운 풍랑이 일어났고 제자들은 두려워 했습니다. 그들은 예수님을 깨워서 말했습니다.

"주여, 주여, 우리가 죽겠나이다" (누가복음 8:24)

예수께서 일어나셔서 풍랑을 꾸짖었습니다. 일렁이던 물결이 갑자기 잔잔해졌습니다. 그때 그분께서는 제자들에게 물으셨습니다. "너희 믿음이 어디 있느냐?"

그 이야기를 마친 후 미스 쿨만은 제자들의 믿음에 관해 이 질문을 했습니다. "그것은 어디에 있었을까요?"

그녀는 "그들의 믿음은 배의 뒷편(stern)에서 쉬고 있었다!… 즉, 예수님 자신이 그들의 믿음이었다"라고 결론을 지었습니다.

하나님의 치유의 영을 통하여
온전히 거룩해 지십시오.

평강의 하나님이 친히 너희를 온전히 거룩하게 하시고 또 너희의 온 영과 혼과 몸이 우리 주 예수 그리스도께서 강림하실 때에 흠 없게 보전되기를 원하노라 (데살로니가전서 5:23)

하나님의 기적과 역사하는 권능이
당신 안에서 영화롭게 되도록 하십시오.

이러므로 우리도 항상 너희를 위하여 기도함은 우리 하나님이 너희를 그 부르심에 합당한 자로 여기시고 모든 선을 기뻐함과 믿음의 역사를 능력으로 이루게 하시고 우리 하나님과 주 예수 그리스도의 은혜대로 우리 주 예수의 이름이 너희 가운데서 영광을 받으시고 너희도 그 안에서 영광을 받게 하려 함이라 (데살로니가후서 1:11~12)

그리스도 안에 치유의 위로가 있습니다.

우리 주 예수 그리스도와 우리를 사랑하시고 영원한 위로와 좋은 소망을 은혜로 주신 하나님 우리 아버지께서 너희 마음을 위로하시고 모든 선한 일과 말에 굳게 하시기를 원하노라 (데살로니가후서 2:16~17)

물을 포도주로 바꾸신 것에서부터 열 명의 문둥병 환자를 깨끗케 하신 것에 이르기까지 예수 그리스도는 자신의 사역에서 일어난 모든 기적에서 성령의 권능으로 사역하셨습니다.

기억하십시오. 성령께서 예수님께 강림하시기 전에는 아무런 기적도 없었다는 사실을…

하나님의 성령으로 충만하셨던 주 예수님은 성취해야 할 어떤 특별한 사역을 가지고 계셨습니다. 이 첫 번째 오심에서 그분은 정복하는 왕이 되기 위해서가 아니었으며, 오히려 온유한 양이 되시기 위해서였습니다.

사역을 확장시키고, 자신을 따르는 자들을 훈련하기 위해서, 주 예수님은 병든 자를 치유하고, 하나님 나라를 전파할 70명의 제자들을 내보냈습니다. 그들이 돌아와서 예수님의 이름으로 귀신들조차도 그들에게 항복했음을 보고했을 때, 구주께서는 "성령으로 기뻐하셨습니다" (누가복음 10:21)

그분께서 "내가 하나님의 성령을 힘입어 귀신을 쫓아내는 것이면 하나님의 나라가 이미 너희에게 임하였느니라" (마태복음 12:28)라고 말씀하셨을 때, 주님께서는 이러한 특별한 권능의 원천과 의미를 계시해 주셨던 것입니다.

당신의 치유 가운데서 걸으십시오.
악을 피하고 믿음의 선한 싸움을
싸우십시오.

오직 너 하나님의 사람아 이것들을 피하고 의와 경건과 믿음과 사랑과 인내와 온유를 따르며 믿음의 선한 싸움을 싸우라 영생을 취하라 이를 위하여 네가 부르심을 받았고 많은 증인 앞에서 선한 증언을 하였도다 (디모데전서 6:11~12)

당신의 질병 가운데 있는 어떤 두려움의
영이라도 꾸짖으십시오.

하나님이 우리에게 주신 것은 두려워하는 마음이 아니요 오직 능력과 사랑과 절제하는 마음이니 (디모데후서 1:7)

광야의 삶에 대한 생각은 즐겁지 않습니다. 그곳은 황폐하고 뱀과 전갈들이 있으며, 죽음이 있는 장소입니다.

그러나 주의 성령께서는 그 땅을 아름답고 풍성한 장소인 동산으로 변화시킬 수 있습니다.

그리스도인으로서 우리가 수확을 거두어 들일 때 우리는 주님을 찬양합니다. "너희가 열매를 많이 맺으면 내 아버지께서 영광을 받으실 것이요"(요한복음 15:8)라고 주님께서 말씀하셨습니다.

우리의 땅을 기름지게 하고 추수 감사절의 준비로 비를 보내주시는 분은 성령님이십니다. 그분은 추수할 수 있게 해주시는 분이십니다.

그것은 당신의 열매가 아닙니다. 그것은 그분의 열매입니다. 성경이 그것을 "성령의 열매"라고 말하는 이유가 바로 거기에 있습니다.

우리가 우리의 그릇(vessel)을 드릴 때, 그분께서는 차고 넘치기까지 그 그릇들을 채워 주십니다.

당신의 치유는 하나님의
궁휼로부터 오게 됩니다.

우리를 구원하시되 우리의 행한 바 의로운 행위로 말미암지 아니하고 오직 그의 긍휼하심을 따라 중생의 씻음과 성령의 새롭게 하심으로 하셨나니 (디도서 3:5)

당신의 치유 가운데서 행하며
다른 이들을 회복시키십시오.

형제여 성도들의 마음이 너로 말미암아 평안함을 얻었으니 내가 너의 사랑으로 많은 기쁨과 위로를 받았노라 (빌레몬서 7)

나는 어린 시절에 고통스런 가정환경에서 쓰라림을 경험해 온 여러분이 특별히 주목해 주셨으면 합니다. 우리들 중에 완벽한 가정의 출신은 한 사람도 없습니다. 그리고 또한 우리가 아무리 노력한다 할지라도, 우리들 중 어느 누구도 완벽한 가정을 이루어내지 못합니다. 그러나 아마도 당신의 어린 시절은 학대, 사랑의 결핍, 불안정, 또는 혼란으로 점철되어 있을 것입니다.

그리고 상처의 깊은 감정과 자신의 가치에 관한 깊은 의문은 분노보다 더 비참하거나, 거부보다 더 비참하기조차 합니다.

나를 믿어주십시오. 나는 여러분께 말씀드릴 수 있습니다. 나는 줄곧 전쟁 가운데 살았습니다. 언어가 바뀌고, 학교가 바뀌고, 친구들이 바뀌고, 나라가 바뀌고, 그리고 문화가 바뀌는 한 대륙에서 다른 대륙으로 이사하는 심한 고통을 견디어 왔습니다. 내가 거듭났을 때 부모로부터 거절당하는 쓰라림을 경험했습니다. 그리스도께서 나를 발견하셨을 때, 나의 자아상과 관련하여 나는 근본적으로 망가진 사람이었습니다.

실제로 나는 구주 예수님께 속해 있고 천부이신 하나님께 속해있으므로 나는 그분의 소유라고 하는 그런 평안(comfort)과 확신을 성령님께서 제게 주셨던 것도 바로 그때였습니다.

그리스도 안에서 당신이 치유받게 될 것을
확신하십시오. 포기하지 마십시오.
흘러보내지 마십시오.

우리가 시작할 때에 확신한 것을 끝까지 견고히 잡고 있으면 그리스도와 함께 참여한 자가 되리라 (히브리서 3:14)

당신의 치유를 구하기 위해 하나님의 은혜의
보좌로 담대하게 나아가십시오.

그러므로 우리가 긍휼하심을 받고 때를 따라 돕는 은혜를 얻기 위하여 은혜의 보좌 앞에 담대히 나아갈 것이니라 (히브리서 4:16)

"내 이름으로 아버지께 구하라"고 예수님께서 말씀하셨습니다.

비록 당신이 하나님의 아들을 통하여 하나님께 나아가고 있을지라도, 우리가 직접 요청해야 할 대상은 하나님 아버지이십니다. 그러므로 우리의 요청은 아들을 통해서 아버지께 전달됩니다.

어떻게 그 응답은 돌아옵니까? 당신의 요청이 치유라고 가정해 봅시다. 성부 하나님은 성자 하나님을 바라보십니다. 그리고 말씀합니다. "그 사람을 좀 치유해 주렴?"

그리스도는 치유를 운반해 주십니다. 왜 그렇습니까? 왜냐하면 그것이 집행자의 역할이기 때문입니다. 바로 그 집행하다(administrate)라는 단어는 사역하는 것(minister) 또는 섬기는 것(serve)를 의미합니다.

그래서 아버지는 아들에게 치유를 풀어주고 그리고 아들은 그것으로 당신을 섬깁니다.

당신의 치유 안에서 걸으십시오.

너희 발을 위하여 곧은 길을 만들어 저는 다리로 하여금 어그러지지 않고 고침을 받게 하라 (히브리서 12:13)

당신이 치유받기 위하여 손길을 뻗치고 있는 당신 자신의 모습과 당신의 치유는 다소 당신의 손길이 미치지 못해 보이는 것을 발견한 당신 자신의 모습을 그려볼 수 있습니까? 그 지점이 성령의 역사가 그 그림으로 들어가는 곳입니다.

성령께서는 자신을 들어내시는데 하나님에 의해 공급되고 아들에 의해 섬겨지는 치유를 나타내시기 위해서입니다.

당신의 치유과정을 완성시키시는 분은 바로 성령님입니다.

치유의 좋은 은사를 받으십시오.

온갖 좋은 은사와 온전한 선물이 다 위로부터 빛들의 아버지께로부터 내려오나니 그는 변함도 없으시고 회전하는 그림자도 없으시니라 (야고보서 1:17)

당신의 건강을 공격하는
마귀를 대적하십시오.

너희는 하나님께 복종할지어다 마귀를 대적하라 그리하면 너희를 피하리라 (야고보서 4:7)

당신을 위해 기도해달라고
장로들에게 요청하십시오.

그러므로 너희 죄를 서로 고백하며 병이 낫기를 위하여 서로 기도하라 의인의 간구는 역사하는 힘이 큼이니라 (야고보서 5:16)

기도를 통하여 모든 것이 가능합니다.

기도는 행동으로 옮겨지는 믿음입니다. 우리가 기도할 때, 하나님의 성품과 하나님 소유의 모든 것들이 우리 것이 됩니다. 우리가 행해야 할 필요가 있는 것은 구하는 것뿐입니다. 성경에 말씀하시는 것처럼 "너희가 얻지 못함은 구하지 아니하기 때문이요" (야고보서 4:2)

나는 이것에 대하여 이렇게 말하는 것을 들은 적이 있습니다.

"그리스도의 왕국에서 가장 강력한 사람은 가장 잘 두드리는 사람이다."

그렇습니다. 두드리기 시작하십시오. 그러면 당신은 찾을 것입니다(누가복음 11:9-10).

예수님의 보혈이 우리의 모든 죄를 정결케 하시고, 하나님의 보좌에 가까이 나아갈 수 있도록 예비해 주셨기 때문에, 하나님은 기도를 들으시고, 기도에 응답해 주시는 것입니다.

그리스도께서 채찍에 맞으셨으므로
우리는 치유될 수 있습니다.

친히 나무에 달려 그 몸으로 우리 죄를 담당하셨으니 이는 우리로 죄에 대하여 죽고 의에 대하여 살게 하려 하심이라 그가 채찍에 맞음으로 너희는 나음을 얻었나니 (베드로전서 2:24)

당신의 치유를 위하여,
은혜가 당신에게 더욱 충만해지길…

하나님과 우리 주 예수를 앎으로 은혜와 평강이 너희에게 더욱 많을지어다 그의 신기한 능력으로 생명과 경건에 속한 모든 것을 우리에게 주셨으니 이는 자기의 영광과 덕으로써 우리를 부르신 이를 앎으로 말미암음이라 (베드로후서 1:2~3)

회개하고 하나님의 치유의
약속을 주장하십시오.

주의 약속은 어떤 이들이 더디다고 생각하는 것 같이 더딘 것이 아니라 오직 주께서는 너희를 대하여 오래 참으사 아무도 멸망하지 아니하고 다 회개하기에 이르기를 원하시느니라 (베드로후서 3:9)

당신의 상황이 얼마나 절망적으로 보이는가에 대해서 나는 관심이 없습니다. 어떤 나쁜 상황이라도 야이로가 직면했던 문제보다 더 나쁘지는 않습니다(마가복음 5:22-43).

이 사람은 자신의 딸을 잃었습니다. 그리고 예수님이 말씀하셨습니다. "두려워 말라. 포기하지 말라. 믿기만 하라!" 이 얼마나 용기를 주는 강력한 말씀입니까!

자신의 어린 딸의 몸에 생명이 돌아왔을 때 야이로는 크게 고무되었음이 틀림없습니다. 조금전만 하더라도 걱정과 슬픔, 그리고 불확실성으로 그의 마음은 내려앉아 있었습니다. 그러나 그때 예수님께서 야이로가 경험하고 있는 감정적 소용돌이의 한가운데로 들어오셨습니다.

그리고 말씀하셨습니다. "포기하지 마라, 아직 끝나지 않았다. 나는 아직 여기에 있단다. 모든 것이 좋아지려는 참이야!"

당신도 역시 포기해서는 안됩니다. 왜냐하면 예수 그리스도께서는 당신을 위해서도 역시 승리하셨기 때문입니다. 그리고 그분께서 그러한 승리를 얻으셨는 한 - 그분이 승리자이신 한 - 당신은 무엇을 염려하십니까?

자백은 정결케 됨을 가져옵니다.
정결케 됨은 치유를 가져옵니다.

그가 빛 가운데 계신 것 같이 우리도 빛 가운데 행 하면 우리가 서로 사귐이 있고 그 아들 예수의 피가 우리를 모든 죄에서 깨끗하게 하실 것이요 만일 우리가 죄가 없다고 말하면 스스로 속이고 또 진리가 우리 속에 있지 아니할 것이요 만일 우리가 우리 죄를 자백하면 그는 미쁘시고 의로우사 우리 죄를 사하시며 우리를 모든 불의에서 깨끗하게 하실 것이요 (요한 1서 1:7~9)

건강 가운데 행한다는 것은
사랑과 순종 안에서 행함을 의미합니다.

또 사랑은 이것이니 우리가 그 계명을 따라 행하는 것이요 계명은 이것이니 너희가 처음부터 들은 바와 같이 그 가운데서 행하라 하심이라 (요한 2서 1:6)

성령님은 당신을 도우시는 분입니다. 그렇습니다. 그분은 당신이 생명을 받고 치유를 받도록 도우시며 뿐만 아니라, 당신이 그다지도 필사적으로 필요로 하는 해방을 얻도록 도우시는 당신의 조력자(assistant)입니다.

누군가가 자주 이렇게 묻습니다. "베니, 나는 누구에게 기도해야 하나요?" 내 대답은 이렇습니다. "제발 혼돈하지 마십시오. 당신은 아버지께 기도합니다."

기도라는 단어가 의미하는 바가 무엇인지 당신은 아십니까? 기도는 탄원(petition)을 의미합니다. 다른 말로 표현해서 당신은 응답을 요하는 당신의 필요를 가지고 나옵니다. 당신은 받을 것을 바라보며 또한 기대하면서 나아옵니다. 당신은 결코 성령님을 바라보아서는 안됩니다. 그분은 당신이 마땅히 바라보아야 할 대상을 바라브도록 도우시는 분이십니다.

오늘날까지 나는 "성령님, 나에게 주세요"라고는 결코 말한 적이 없습니다. 그러나 나는 "존귀하신 성령님, 제가 구할 수 있도록 도와 주세요!"라고는 헤아릴 수 없을 정도로 많이 말했습니다.

당신은 응답은 아주 가까이에 있다는 사실을 깨닫기 시작하십니까?

당신이 잘되고 강건하기를…

사랑하는 자여 네 영혼이 잘됨 같이 네가 범사에 잘되고 강건하기를 내가 간구하노라 (요한 3서 1:2)

우리의 구원자 하나님께서 타락으로부터 당신을 지켜주실 것입니다.

능히 너희를 보호하사 거침이 없게 하시고

너희로 그 영광 앞에 흠이 없이

기쁨으로 서게 하실 이

곧 우리 구주 홀로 하나이신 하나님께

우리 주 예수 그리스도로 말미암아

영광과 위엄과

권력과 권세가

영원 전부터 이제와 영원토록 있을지어다 아멘

(유다서 24~25)

암의 치유보다 더 위대한 것이 무엇인지 또는 문둥병이 정결케 되도록 명령하는 것보다 더 위대한 것이 무엇인지 당신은 알고 있습니까?

또는 바람이 잠잠해지도록 명령하는 것보다 더 위대한 것이 무엇인지 당신은 알고 있습니까?

하나님의 왕국에서 가장 중요한 기적은 구원의 기적입니다. 당신은 세상을 향해 말할 수 있습니다.

"나의 죄는 보혈 아래 있습니다. 나는 구원받았습니다."

주 예수님은 자신의 구원에 대해 간증하실 수 없었습니다. 왜냐하면 그분은 구원받지 않으셨으며, 자신이 친히 구원을 베푸시는 분이시기 때문입니다.

그러나 당신은 당신의 구원을 증거할 수 있습니다. 당신은 일어서서 말할 수 있습니다.

"한때 나는 사단에게 속하였지만 이제 나는 성부 하나님께, 성자 예수님께 속했다"고 말입니다.

알파와 오메가 안에 치유가 있습니다.

주 하나님이 이르시되 나는 알파와 오메가라 이제도 있고 전에도 있었고 장차 올 자요 전능한 자라 하시더라 (요한계시록 1:8)

영원한 치유는 그리스도 안에 있는 당신의 유산입니다.

내가 들으니 보좌에서 큰 음성이 나서 이르되 보라 하나님의 장막이 사람들과 함께 있으매 하나님이 그들과 함께 계시리니 그들은 하나님의 백성이 되고 하나님은 친히 그들과 함께 계셔서 모든 눈물을 그 눈에서 닦아 주시니 다시는 사망이 없고 애통하는 것이나 곡하는 것이나 아픈 것이 다시 있지 아니하리니 처음 것들이 다 지나갔음이러라 (요한계시록 21:3~4)

모든 나라의 치유를 위해 기도하십시오.

길 가운데로 흐르더라 강 좌우에 생명나무가 있어 열두 가지 열매를 맺되 달마다 그 열매를 맺고 그 나무 잎사귀들은 만국을 치료하기 위하여 있더라 (요한계시록 22:2)

수년전에 나는 코리 텐 붐(Corrie Ten Boom) 여사가 하나님께서 사랑스럽게 돌봐 주시는 적절한 때에 관한 강력한 예화를 나누는 것을 들었습니다. 그 이야기의 배경은 나찌가 점령하고 있던 네덜란드였습니다.

증가하는 위험과 혼란의 한가운데서 그녀는 말했습니다. "아빠, 모든 것이 나빠져 가고만 있어요. 만일 경찰이 우릴 잡으러 온다면 하나님께서 우리와 함께 계심을 어떻게 우리가 알게 될까요?" 그는 대답했습니다. "코리 우리가 기차로 여행을 떠날 때 언제 내가 네게 티켓을 주니?"

"우리가 기차에 타기 직전에요. 아빠"하고 코리는 대답했습니다.

"그래 맞아, 코리" 그녀의 아버지는 말했습니다. "네가 기차에 막 오르려고 할 때까지 너는 티켓을 필요로 하지 않는다… 그것이 바로 우리의 천브께서 얼마나 놀라우신지를 보여주는 것이란다. 그분은 언제나 우리가 꼭 필요로 할 때, 우리에게 주신단다, 그리고 그분은 결코 늦으시는 법이 없으시단다. 그분의 사랑과 긍휼은 우리가 그것들을 필요로 하는 바로 그때, 우리를 지탱해주고 또한 우리를 강하게 해 주실 것이다. 왜냐하면 그분은 언제나 신실하시기 때문이지"

본서가 나오기까지 자료를 인용할 수 있도록 허락해주신 아래 기록된 출판사와 판권소유자들에게 감사의 말씀을 드립니다.

Benny Hinn, ***The Biblical Road to Blessing***.
Nashville, TN Thomas Nelson Publishers, 1997

Benny Hinn, The ***Blood***.
Orlando, FL: Creation House, 1993

Benny Hinn, ***The Day After a Miracle***.
Orlando, FL: Benny Hinn Ministries, 1995

Benny Hinn, ***Dont Give Up!***
Orlando, FL: Benny Hinn Media Ministries, 1995

Benny Hinn, ***Good Morning, Holy Spirit***.
Nashville, TN: Thomas Nelson Publishers, 1990

Benny Hinn, ***Healing in Every Book of the Bible***.
Benny Hinn Media Ministries, 1998

Benny Hinn, *The Natural and Spiritual Realms of Healing*.

FL: Benny Hinn Media Ministries, 1995

Benny Hinn, *This is your Day for a Miracle, Lake Mary*.

FL: Creation House, 1996

Benny Hinn, *Welcome, Holy Spirit*.

Nashville, TN: Thomas Nelson Publishers, 1995

기도 요청:

예수님은 우리를 구원하시기 위해 보좌로부터 이땅에 내려오셔서 십자가를 지셨습니다. 그리고 그분은 십자가에서 보좌로 가셨는데, 우리의 대제사장이 되어서 우리로 하여금 하나님의 임재 안으로 들어갈 수 있게 하시기 위해서였습니다.

기도 응답 :

기도 요청 :

기도 응답 :

기도 요청:

기도 응답 :

긍휼이 많으신 우리의 친부께서 우리의 필요를 채워주시고, 또한 우리가 결코 기대하지 않았던 방식으로 더욱 많이 채워 주심을 우리가 발견할 때, 하루 하루는 마치 모험과도 같습니다.

하나님의 말씀으로부터 온 나의 개인적 약속들

··
··
··
··
··
··
··
··
··
··
··
··
··
··
··

주님께서 자신의 생기로 진흙으로 사람이 되게 하실 수 있으시다면, 그분께서 생기로 우리에게 하실 수 있는 것을 다시 생각해 보십시오!

내가 드리는 감사 기도와 찬양

바로 지금 이 순간도 나는 기도드립니다.
예수님의 이름으로 믿음이 여러분의 심령 가운데
일어나도록 그리고 치유함을 받게 되도록.
지금 이 순간, 하나님의 말씀을 받으십시오.
그리고 예수님의 강력하신 이름으로 치유함을 받으십시오.

Benny Hinn

성경 각권에 기록된 치유에 관한 하나님의 약속들

치유의 기적

발행일	2002년 09월 26일
3쇄	2007년 04월 25일
수정1쇄	2013년 07월 20일
지은이	베니 힌
옮긴이	김병수
펴낸이	장사경
편집디자인	최복희
펴낸곳	Grace Publisher(은혜출판사)

주소 서울 종로구 숭인 2동 178-94
전화 (02) 744-4029 **팩스** 744-6578
출판등록 제 1-618호.(1988. 1. 7)

ⓒ 2002 Grace Publisher, Printed in Korea
ISBN 89-7917-464-0   03230

이 출판물은 저작권법에 의해 보호를 받는 저작물이므로 무단 전재와 무단 복제를 할 수 없습니다.